GRILLEN
FÜR GUTE FREUNDE

FLEISCH, FISCH, GEMÜSE & CO

Mattias Larsson

Fotos von Jakob Fridholm

Übersetzung von Julia Gschwilm

Hölker Verlag

Auf ins Grillvergnügen!

Das Feuer hat viel verändert. Forscher gehen davon aus, dass der Mensch um 800 000 v. Chr. lernte, das Feuer zu beherrschen. Fleisch und Fisch waren damals schon Teil der Nahrung und sind es vermutlich bereits seit Urzeiten. Aber erst in der Zeit zwischen 800 000 und 300 000 v. Chr. setzte es sich durch, Fleisch und Fisch in der Hitze des Feuers zu garen. Das war über alle Maßen revolutionär, denn nun entwickelten sich nicht nur ganz neue, überaus reizvolle Geschmacksrichtungen, sondern auch die Möglichkeit, Lebensmittel haltbar zu machen und schädliche Mikroorganismen zu vernichten.

Die Hitze des Feuers hat vielfältige Auswirkungen: Es werden Unmengen von Geschmacks- und Duftstoffen freigesetzt, und Temperatur und Garzeit entscheiden darüber, ob wir ein saftiges oder trockenes Stück bekommen. Temperatur und Garzeit können zudem die Konsistenz eines Stücks so verändern, dass zähes Fleisch mürbe wird. Der Rauch des Feuers spielt ebenfalls eine wichtige Rolle: Er macht das Stück haltbar und verleiht ihm zusätzlich einen fantastischen Geschmack. Auch Gemüse lässt sich auf dem Grill veredeln und wird mit intensiven, wunderbaren Aromen geimpft. In diesem Buch finden Sie viele neue und inspirierende Gemüserezepte, die man als Beilage zu Fleisch und Fisch oder als eigene Gerichte genießen kann. Viel Grün auf dem Teller tut dem Körper ebenso gut wie der Umwelt.

Grönsakshallen
Sorunda

Einen großen Teil des Jahres leben wir in einem recht dunklen und kalten Klima. Klar, dass wir deshalb um jeden Preis die warme und helle Jahreszeit ausnutzen und so viel wie möglich draußen sein wollen. So wurden wir zu einem Volk begeisterter Griller. An den schönen, lauen Sommerabenden mögen wir am liebsten überhaupt nicht ins Haus gehen und nur noch draußen unsere Mahlzeiten zubereiten. Unter freiem Himmel schmeckt es uns einfach am besten. Dann sind wir glücklich.

Heute gibt es mehrere Möglichkeiten, seinen Kochplatz mit dem Ziel Garten, Wald, Strand, Campingplatz oder wohin auch immer mitzunehmen. Dabei denke ich natürlich vor allem an den Grill. Aber das Lagerfeuer, die heutzutage so populäre Murikka (eine weite, flache Metallpfanne, die man etwa über einen Feuerkorb legen kann), die Paellapfanne und weitere Gargefäße gehören ebenfalls dazu. Alles lässt sich leicht transportieren und eignet sich auch zur Zubereitung größerer Mengen für viele Leute gleichzeitig. Und immer wenn Flammen auflodern, kommen wir den Zubereitungstechniken unserer Vorfahren wieder nahe.

Nicht nur das klassische Fleisch- oder Fischstück lässt sich auf den Grill legen. Alles, was man im Ofen oder auf einer Herdplatte zubereiten kann, taugt auch für den Grillrost. Man muss sich nicht einmal so abstimmen, dass einer im Haus den Küchendienst übernimmt, die Beilagen vorbereitet und gleichzeitig die Kartoffeln kocht, während der andere sich draußen um die Steaks kümmert. Kartoffeln und eine gute Soße lassen sich auf dem Grill tatsächlich genauso gut zaubern. Man muss nur wissen, wie. Nehmen Sie also das Schneidebrett, den Topf, die Messer und ein gutes Glas Wein mit in die Natur, und fangen Sie an, Feuer und Glut zu entfachen! Sie werden sehen, am Ende sitzen Sie und Ihre Freunde bei einer herrlichen Mahlzeit zusammen. Wir sehen uns also draußen!

Grills, Techniken und Tipps

VERSCHIEDENE ARTEN VON GRILLGERÄTEN

Wählen Sie nur den Typ von Grill, mit dem Sie am besten klarkommen: entweder Holzkohle-, Gas- oder Elektrogrill – die Rezepte funktionieren letztlich auf allen Grills gleich gut. Allerdings werden einzelne Geräte möglicherweise andere Garzeiten und Temperaturen als hier angegeben erfordern. Denn angefangen von der Art der Hitzeerzeugung über die Größe der Grillfläche bis zur Qualität und Menge von Kohle oder Briketts ergeben sich jedes Mal unterschiedliche Bedingungen. Sämtliche Zeiten im Buch sollten deshalb als ungefähre Empfehlungen angesehen werden. Nehmen Sie sich genug Zeit, Ihren Grill kennenzulernen, wenn er noch neu ist.

Der Vorteil eines Gasgrills ist natürlich der Zeitgewinn. Er ist schnell angezündet, und man kann sofort mit dem Garen beginnen. Es ist bei einem solchen Gerät zudem einfach, die Hitze zu regulieren. Ich selbst verwende meistens meinen Holzkohlegrill, weil ich finde, dass dies die unverfälschteste Art zu grillen ist. Und ich genieße es, Herr über Technik, Feuer und die Glut zu sein – für mich das höchste Grillgefühl.

KOHLE ODER BRIKETTS

Ich nehme ausschließlich Qualitätsbriketts. Sie haben eine längere Glühzeit als Kohle, was vor allem beim ausgedehnten indirekten Grillen von großem Vorteil ist. Hier gilt dasselbe Prinzip wie bei anderen Produkten: Meistens bekommt man das, wofür man bezahlt. Teurere Briketts sind oft härter gepresst und versprechen einen besseren Geschmack sowie eine längere Glühzeit als billige Angebote. Denken Sie bei Ihrer Wahl immer auch an die Umwelt.

DEN GRILL ANZÜNDEN

Zünden Sie den Grill immer rechtzeitig an, bevor Sie mit der Zubereitung beginnen wollen. Dann riskieren Sie nicht, Ihr Fleisch vorschnell auf den Rost legen zu müssen – das ist nämlich der häufigste Fehler, den nicht nur Anfänger machen. Kohle oder Briketts sollten bereits eine graue, silbrige Schicht auf der Glut haben. Wenn Sie das Grillgut zu früh auflegen, könnte es womöglich geröstet und nicht sauber gegrillt werden.

Im Übrigen verwenden Sie zur Entfachung der Glut einen rohrförmigen Grillanzünder aus Metall (Kaminanzünder) oder einen gabelförmigen elektrischen Grillanzünder – flüssige Brandbeschleuniger sind von gestern.

DIREKTES GRILLEN

Dies ist die übliche und beliebteste Art zu grillen. Dabei wird das Grillgut genau über der Glut positioniert. Meist handelt es sich um ein kleineres Stück, das man sonst in der Bratpfanne zubereiten würde – etwa eine Scheibe Entrecôte oder Schweinenacken, ein paar Würste, ein Lachskotelett, Spargel oder Tomatenhälften. Die direkte Hitze lässt eine gut geröstete Oberfläche entstehen, ohne dass das Grillgut zu lang gebraten und in der Mitte trocken wird. Vergessen Sie nicht, den Deckel des Grills zu schließen, auch wenn Sie direkt grillen. Unter dem Deckel bildet sich ein Klima, das zu besserem Geschmack und idealer Konsistenz beiträgt.

INDIREKTES GRILLEN

Alles, was Sie normalerweise im Ofen zubereiten würden, können Sie auch auf einem Grill garen, indem Sie indirekt grillen. Hierbei verwenden Sie eine kleinere Menge Kohle oder Briketts als sonst und nutzen nur etwa ein Viertel der Grillgrundfläche. Das Grillgut darf dann nicht direkt über der Glut liegen, sondern wird oberhalb der Glut etwas versetzt hingelegt. Dann schließt man den Deckel, damit die heiße Luft um das Grillgut zirkulieren kann, ähnlich wie bei Umluft im Ofen. Wenn Sie einen Gasgrill verwenden, zünden Sie einfach weniger Brenner an, und achten Sie darauf, dass das Grillgut nicht unmittelbar über den Brennern zu liegen kommt.

Grillen Sie Fisch, Fleisch und Hühnchen mit Knochen vorzugsweise indirekt. So erzielen Sie ein bedeutend saftigeres und geschmacksintensiveres Resultat. Viele zögern, ein ganzes Hühnchen auf den Grill zu legen, aber es funktioniert. Es wird schön saftig und kann mit verschiedenen Gewürzen von scharfen Chilis bis zu milden Kräutern auf unterschiedliche Arten variiert werden. Wenn Sie Gemüse zubereiten wollen, probieren Sie neue Dinge aus, lassen Sie der Experimentierlust freien Lauf. Ich liebe es, dicke, frisch geschälte Möhren auf den Rost zu legen und sie weich und ein klein bisschen rauchig zu grillen. Dann sind sie perfekt, um sie aufzuschneiden und für einen Salat zu verwenden. Warum nicht auch eine Sellerieknolle oder einen Blumenkohl grillen? Trauen Sie sich!

Indirektes Grillen ist etwas für jemanden, der viel Zeit hat und seinen Köstlichkeiten einen kraftvollen Geschmack verleihen möchte. Mit indirektem Grillen sollte man nicht erst dann anfangen, wenn die Familie oder die Freunde bereits langsam hungrig werden. Hat man aber ausreichend Muße, kann man sich auf grandiose Braten, prächtige Fische und aromatisches Gemüse freuen.

GRILLEN MIT RÄUCHERSPÄNEN

Grillgeräte eignen sich auch zum Räuchern – eine fantastische Technik, mit der man dem Grillgut eine intensivere Räuchernote verleihen kann. Es funktioniert bei indirektem und direktem Grillen. Man braucht nur ein paar Räucherspäne, die von guter Qualität sind. Legen Sie sie in eine Schale aus Alufolie und platzieren Sie sie nahe an einem Brenner oder auf der Glut, damit das Holz unter Rauchentwicklung verglimmen kann. Das ist bei aufgelegtem Deckel ideal! Am häufigsten räuchert man Fleisch und Fisch, aber experimentieren Sie auch mit Krustentieren und Gemüse.

Es gibt Unmengen von Räucherspänen, die je nach Holzart und Größe sehr unterschiedliche Aromen entfalten. Probieren Sie es einfach aus und bleiben Sie dann bei dem Material, das Ihren Geschmack am besten trifft.

Wenn ich mit Räucherspänen grille, stelle ich gerne eine Metallschale oder Aluminiumform mit gutem Olivenöl und eine mit Salzflocken mit hinein. So bekomme ich zusätzlich ein aromatisiertes Öl und leckeres Salz, um später Salat, Gemüse, Fleisch oder Fisch mit einer feinen rauchigen Geschmacksnote zu adeln.

TEMPERATUREN

Ein digitales Thermometer ist die beste Grillhilfe. Je nach Anwendung gibt es die Kerntemperatur des Grillguts an, zeigt aber auch, wie heiß der Grill ist. Wenn ich indirekt grille, versuche ich, meinen Grill auf 100–120 °C zu halten. Klettert die Temperatur nach oben, reduziere ich sie, indem ich einen Teil der Briketts mit einem Schaumlöffel herausnehme und in eine Aluminiumschüssel lege. Oder ich drehe die Luftzufuhr ab – je weniger Sauerstoff, desto schneller sinkt die Temperatur. Man kann auch beides gleichzeitig machen, dann nimmt die Hitze im Eiltempo ab. Bei einem Gas- oder Elektrogrill braucht man natürlich nur die Temperatur herunterzudrehen.

Die Oberfläche, die beim Grillen erzeugt wird, ist sehr wichtig. Die schnelle Zubereitung etwa eines Steaks ergibt eine geschmacksintensive Oberfläche, während der Garprozess im Inneren eher langsam abläuft und so die Saftigkeit erhält. Oft empfiehlt es sich, über direkter Glut ganz schnell eine gute Grilloberfläche entstehen zu lassen und dann dem Fleisch oder Fisch bei indirekter Hitze die perfekte Innentemperatur zu verleihen. Die Vorgehensweise ist unkompliziert: Man richtet es so ein, dass man zwei verschiedene Zonen auf dem Grill hat, eine mit Briketts unter dem Rost und eine ohne. Bewegen Sie das Grillgut zwischen den beiden Flächen hin und her, bis es eine schöne Außenhaut besitzt und die Innentemperatur stimmt.

Denken Sie daran, dass das Grillgut nachgart, wenn Sie es vom Rost genommen haben. Nehmen Sie deshalb das Grillgut immer schon ein paar Grad vor Erreichen der empfohlenen Endtemperatur herunter. Und lassen Sie es unbedingt ein paar Minuten ruhen, bevor es serviert wird – dann wird das Resultat so, wie es sein muss.

Drinks & Snacks

Ist es nicht ein tolles Gefühl, einen herrlichen Sommerdrink gereicht zu bekommen und danach einen unwiderstehlichen, gegrillten Snack? Das gehört für mich unbedingt zu einem gelungenen Grillabend. Und wenn man sich in netter Gesellschaft befindet, nimmt man das Warten auf das nächste Glas und den nächsten Happen kaum wahr. In diesem Kapitel gibt's erfrischende Drinks wie meine Sangria-Variante und meinen Sommerdrink mit Holunderblütensirup. Ich serviere dazu meine Lieblingssnacks, beispielsweise die mit Grünkohl und Västerbottenkäse gefüllte Quesadilla. Der einfachste Snack von allen darf nie fehlen: gegrillte Paprika mit Oliven und Knoblauchzehen.

ROTWEINBOWLE

APFELSAFT & RUM

SOMMERDRINK
GIN-ZITRO
CAMPARI-GRAPEFRUIT

APFELSAFT & RUM

ERGIBT 4 GLÄSER

125 ml dunkler Rum
250 ml Apfelsaft
250 ml Ginger Ale

AUSSERDEM:
Crushed Ice
4 Limettenscheiben

★ Rum, Apfelsaft und Ginger Ale auf vier Gläser verteilen. Mit viel Crushed Ice auffüllen und mit Limettenscheiben garnieren.

GIN-ZITRO

ERGIBT 4 GLÄSER

1 Bio-Zitrone
3 EL Zucker
125 ml Gin
200 ml Zitronenlimonade
3 EL Preiselbeeren (TK)

AUSSERDEM:
Crushed Ice
4 Zitronenspalten

★ Für den Zitronenzucker die Schale der Zitrone fein abreiben, mit dem Zucker vermengen und ca. 30 Minuten trocknen lassen. Den Zucker fein mörsern. Den Rand von vier Gläsern mit etwas frisch gepresstem Zitronensaft befeuchten und in den Zitronenzucker tauchen. Gin, Zitronenlimo und Preiselbeeren auf die Gläser verteilen, Crushed Ice und Zitronenspalten zufügen.

CAMPARI-GRAPEFRUIT

ERGIBT 4 GLÄSER

250 ml Campari
400 ml Grapefruitsaft

AUSSERDEM:
4 Zitronenspalten
Eiswürfel

★ Campari und Saft auf vier Gläser verteilen. Zitronenspalten und ein paar Eiswürfel zufügen.

SOMMERDRINK

ERGIBT 4 GLÄSER

100 ml Holunderblütensirup
500 ml trockener Weißwein
200 ml Mineralwasser
Eiswürfel
4 Limettenspalten
Basilikumblätter

★ Holunderblütensirup, Wein und Wasser auf Gläser verteilen. Eiswürfel, Limettenspalten und Basilikumblätter zufügen.

ROTWEINBOWLE

ERGIBT 4 GLÄSER

½ Bio-Orange
100 g Erdbeeren
100 g Himbeeren
500 ml Rotwein
300 ml Zitronenlimonade

★ Die Orange in Scheiben schneiden. Die Erdbeeren putzen und halbieren. Orange, Erdbeeren und Himbeeren in eine Kanne geben. Mit Wein und Zitronenlimonade auffüllen. Vor dem Servieren ca. 30 Minuten kalt stellen.

HEILBUTT-PASTRAMI MIT NEKTARINE

ERGIBT 4 PORTIONEN

150 g Heilbuttfilet
Salz
2 EL frischer grob gemahlener schwarzer Pfeffer
2 EL Paprikapulver
1 Nektarine
Olivenöl
8 Zahnstocher

★ Den Heilbutt in acht Würfel schneiden und salzen. Pfeffer und Paprika auf einem kleinen Teller vermengen. Die Fischstücke in der Gewürzmischung wenden. Die Nektarine in acht Spalten schneiden. Auf jeden Zahnstocher einen Fischwürfel und eine Nektarinenspalte stecken. Die Minispieße leicht salzen und mit etwas Olivenöl beträufeln. Bei direkter Hitze mit ein paar Räucherspänen in der Glut auf jeder Seite 40–50 Sekunden grillen.

VÄSTERBOTTEN-QUESADILLAS

ERGIBT 4 PORTIONEN

70 g Grünkohl
1–2 Jalapeñoschoten
160 g Västerbottenkäse (schwedischer Hartkäse, online erhältlich; ersatzweise Parmesan o. Pecorino)
4 große Tortillafladen
Olivenöl

★ Den Grünkohl in zentimeterbreite Streifen schneiden. Die Jalapeños halbieren, entkernen und in feine Streifen schneiden. Den Käse fein reiben. Grünkohl, Jalapeño und Käse vermengen. Die Mischung auf zwei der Fladen verteilen. Die zwei übrigen als Deckel darauflegen.

★ Die Quesadillas mit Olivenöl bestreichen und bei direkter Hitze grillen, bis sie eine schöne Farbe bekommen haben. In Spalten schneiden und sofort servieren.

BACON-DATTEL-SPIESSE

ERGIBT 4 PORTIONEN

6 Datteln
12 Scheiben Bacon
12 Zahnstocher

★ Die Datteln halbieren und entkernen. Dattelhälften in Bacon wickeln und Zahnstocher hindurchstecken. Bei direkter Hitze grillen, bis der Bacon knusprig ist.

Einfacher geht es kaum. Ein perfekter Snack zum Drink.

KNOBLAUCH-PAPRIKA MIT KRÄUTERN

ERGIBT 4 PORTIONEN

8 Knoblauchzehen
1 Paprika
50 g schwarze Oliven
50 g grüne Oliven
1 Stück Bio-Zitronenschale
frische Kräuter, z. B.
Rosmarin, Salbei, Thymian
Olivenöl
Salzflocken
Zahnstocher

★ Die Knoblauchzehen schälen. Die Paprika von Samen und Scheidewänden befreien und in ca. 2 Zentimeter große Stücke schneiden. Eine doppelte Lage Aluminiumfolie auslegen und die Kanten nach oben falten.
★ Gemüse, Zitronenschale und Kräuter hineingeben. Etwas Olivenöl und Salzflocken darübergeben und vermengen. Bei direkter Hitze einige Minuten grillen, bis die Paprika eine schöne Röstfarbe hat.
★ In eine Schüssel füllen oder direkt vom Grill mit ein paar Zahnstochern zum Aufspießen servieren.

Versuchen Sie es auch mal mit anderen Gemüsesorten! *Bild auf Seite 21.*

MÖHREN, MAIS UND PECORINO

ERGIBT 4 PORTIONEN

FÜR DIE KÄSECREME:
120 g Pecorino
60 g Mandeln
1 EL fein gehackter Dill
125 ml Olivenöl
Salz

FÜR DAS GEMÜSE:
8–12 junge Möhren
8–12 Babymaiskolben
Olivenöl
Salz
Salzflocken

★ Für die Käsecreme den Pecorino fein reiben und Mandeln fein hacken. Dill, Käse und Mandeln mit Olivenöl vermengen. Mit Salz abschmecken.
★ Für das Gemüse Möhren und Babymais putzen. In etwas Öl und Salz wenden und ein paar Minuten bei direkter Hitze grillen. Möhren und Mais auf einen Teller legen und mit Salzflocken bestreuen. Mit der leckeren Käsecreme servieren.

Selbst gebackene Hamburgerbrötchen schmecken einfach am besten!
Und Sie können sie in Ihrer Wunschgröße backen.

SAFTIGE BURGER MIT PANCETTA UND PARMESAN

ERGIBT 4 PORTIONEN

200 g Rinderhackfleisch
1 TL Dijonsenf
Salz
frisch gemahlener schwarzer Pfeffer
75 g Parmesan
100 g Crème fraîche
4 Scheiben Pancetta, ca. 3 mm dick
4 kleine Hamburgerbrötchen, siehe Seite 90
Rucola

* Das Rinderhack mit Senf und 1 Teelöffel Wasser vermengen und mit Salz und schwarzem Pfeffer abschmecken. Zu vier Mini-Patties formen.
* Den Parmesan reiben und die Crème fraîche unter ständigem Rühren aufkochen. Den Käse in die Crème fraîche einrühren. Mit Salz abschmecken und kalt stellen.
* Die Pancettascheiben halbieren und die Brötchen aufschneiden. Die Brötchen auf der Schnittfläche grillen, bis sie eine feine Röstfarbe haben. Die Pancetta bei direkter Hitze knusprig grillen. Die Patties bei größtmöglicher direkter Hitze grillen, bis die Kerntemperatur ca. 52 °C beträgt.
* Die Käsecreme auf die Patties löffeln. Die untere Brötchenhälfte mit etwas Rucola belegen, jeweils einen Patty darauflegen. Mit dem Pancetta abschließen und die obere Brötchenhälfte darauflegen.

Ein Slider ist ein kleiner Burger in mundgerechter Größe. Perfekt als schnelle Vorspeise am Grill, wenn die große Fleischportion noch auf sich warten lässt.

THUNFISCH-SLIDER MIT PAPAYA

ERGIBT 4 PORTIONEN

FÜR DAS WÜRZÖL:
1 Bio-Limette
2 EL gehackter Koriander
2 EL Olivenöl
Salz

FÜR DEN BELAG:
¼ Papaya
4 Thunfischmedaillons à ca. 60 g
Olivenöl
Salz

4 kleine Hamburgerbrötchen, siehe Seite 90
ein paar Stängel Koriander

★ Für das Würzöl die Schale der Limette fein reiben und mit den übrigen Zutaten für das Kräuteröl vermengen. Mit Salz abschmecken.

★ Für den Belag die Papaya halbieren, entkernen und das Fruchtfleisch herausholen. In ½ Zentimeter dicke Scheiben schneiden. Den Thunfisch und die Papaya mit Öl bestreichen und salzen.

★ Die Brötchen halbieren und auf der Schnittfläche grillen, bis sie eine feine Röstfarbe haben. Thunfisch und Papaya bei größtmöglicher direkter Hitze von jeder Seite 30–60 Sekunden grillen. Beides auf die Brötchen legen. Mit Olivenöl beträufeln und mit ein paar Stängeln Koriander belegen. Die obere Hälfte des Brötchens darauflegen – und beherzt reinbeißen!

Gemüse

Jedes Gemüse lässt sich hervorragend grillen. Manchmal ist die einfachste Methode die beste: Etwas Olivenöl aufstreichen, behutsam salzen und grillen, bis eine schöne Oberfläche entstanden ist. Natürlich gibt es raffiniertere Arten der Zubereitung, und deshalb sollte niemand mein Lieblingsrezept in diesem Buch verpassen: im Ganzen gegrillter Blumenkohl mit Gruyère und Gremolata. Ein weiterer Favorit von mir ist geräucherter Mozzarella mit Kräutertomaten. Probieren Sie auch die Gazpacho aus Grillgemüse – das Aroma reicht von mild-fein bis herrlich intensiv. Ich möchte hier eine Lanze für mehr Gemüse auf dem Grill brechen. Nur Mut, laden Sie zu einem vegetarischen Buffet ein! Oder kombinieren Sie eine kleinere Menge Fleisch oder Fisch mit leckeren Salaten und Gemüsegerichten. Sorgen Sie für Abwechslung, dann kommt jeder Gast auf seine Kosten. Mehr Grün auf dem Teller ist auf jeden Fall gut für Körper, Geldbeutel und Umwelt!

GAZPACHO AUS GRILLGEMÜSE

ERGIBT 6 PORTIONEN, ALS VORSPEISE

2 Tomaten
1 rote Paprika
1/6 Fenchel
1/4 Gurke
1/2 Zwiebel
2 Knoblauchzehen
1 rote Chilischote
2 EL Olivenöl
1 EL frisch gepresster Zitronensaft
200 ml Gemüse- oder Hühnerbrühe
Salz

★ Die Tomaten halbieren. Die Paprika von Samen und Scheidewänden befreien und in 2 Zentimeter große Stücke schneiden. Fenchel und Gurke in ähnlich große Stücke schneiden. Zwiebel in Scheiben schneiden. Den Knoblauch schälen und die Chili entkernen.

★ Alles Gemüse außer den Tomaten auf einen Grillspieß stecken und mit 1 Esslöffel Olivenöl bestreichen. Die Tomaten mit der Schnittfläche nach oben auf den Grill legen und den Spieß darauflegen. Das Gemüse ca. 10 Minuten bei direkter Hitze grillen, bis es eine schöne gegrillte Oberfläche hat.

★ Gemüse in einen Mixer oder eine Küchenmaschine geben und zusammen mit einem weiteren Esslöffel Olivenöl, Zitronensaft und Brühe mixen. Mit Salz abschmecken.

Eine leichte Variante, da der Salat ohne Mayonnaise auskommt.

★

MEDITERRANER KARTOFFELSALAT

ERGIBT 4 PORTIONEN, ALS BEILAGE

500 g gekochte geschälte Kartoffeln
200 g gemischte Tomaten
2 EL Petersilie
3 Schalotten
60 g gehackte entkernte Oliven
60 g Kapern
50 ml Olivenöl
2 EL Apfelessig
Salz, Pfeffer

★ Die Kartoffeln in Scheiben, die Tomaten in kleinere Stücke und die Petersilie in feine Streifen schneiden. Die geschälten Schalotten fein hacken. Sämtliche Zutaten für den Kartoffelsalat vermengen und mit Salz und Pfeffer abschmecken.

Mein absolutes Lieblingsrezept. Versprechen Sie mir, es auszuprobieren!

BLUMENKOHL MIT GRUYÈRE UND GREMOLATA-ÖL

ERGIBT 4 PORTIONEN, ALS VORSPEISE ODER BEILAGE

FÜR DAS ÖL:
½ Bio-Zitrone
1 EL fein gehackte Petersilie
1 geschälte Knoblauchzehe
3 EL Olivenöl

FÜR DEN BLUMENKOHL:
1 Blumenkohl
120 g Gruyère
Salzflocken

★ Für das Gremolata-Öl die äußerste Schale der Zitrone fein abreiben. Petersilie und fein gehackten Knoblauch mit Olivenöl und der Zitronenschale vermengen.
★ Den Blumenkohl putzen und halbieren. Bei indirekter Hitze auf den Grill legen und den Deckel des Grills schließen. Ca. 30 Minuten grillen, bis der Kohl eine schöne, gegrillte Oberfläche hat, dabei regelmäßig wenden. Den Käse darüberreiben und ein paar weitere Minuten grillen, bis er geschmolzen ist.
★ Auf einen Teller legen, mit Salzflocken bestreuen, das Gremolata-Öl darüberträufeln und sofort servieren.

Ein würziger Salat, der großartig zu Fleisch oder Fisch passt.

QUINOASALAT MIT WEISSKOHL UND EDAMAME

ERGIBT 4 PORTIONEN, ALS BEILAGE

FÜR DIE ZWIEBEL:
25 ml Rotweinessig
20 g Zucker
Salz
½ rote Zwiebel

FÜR DEN SALAT:
200 g Weißkohl
200 g Edamame-Bohnen
500 ml vorgekochte Quinoa
1–2 EL Petersilie
Salz
gemahlener Kreuzkümmel

FÜR DIE VINAIGRETTE:
2 Knoblauchzehen
3 EL Rotweinessig
75 ml Olivenöl

★ Für die eingelegte Zwiebel Essig, Zucker und 50 Milliliter Wasser mit einer kleinen Prise Salz aufkochen. Die Zwiebel schälen, in Spalten schneiden und in den kochenden Sud geben. Den Topf vom Herd nehmen und die Zwiebel abkühlen lassen. Abgießen.

★ Für den Salat den Weißkohl in kleinere Stücke schneiden und mit Edamame-Bohnen, Quinoa und der eingelegten Zwiebel vermischen. Petersilie in Streifen schneiden.

★ Für die Vinaigrette den Knoblauch fein hacken und mit Rotweinessig und Olivenöl vermengen. Unter den Salat mischen.

★ Salat mit Salz und Kreuzkümmel abschmecken und mit Petersilie bestreuen.

Dieses Gericht wird zwar nicht auf dem Grill zubereitet, ist aber trotzdem sehr lecker.

AVOCADO-SALAT MIT ZITRUSAROMEN

ERGIBT 4 PORTIONEN, ALS BEILAGE

4 Avocados
1 Orange
1 Zitrone
1 Limette
2 EL Olivenöl
Salzflocken
Basilikumblätter

★ Die Avocados würfeln. Die Zitrusfrüchte schälen, in Filets schneiden und mit Avocados und Olivenöl vermengen. Mit Salzflocken und Basilikum abschmecken.

Eine Weltklasse-Vorspeise in nur 15 Minuten. Geben Sie dünn geschnittene Frühlingszwiebeln mit in die Alufolie, wenn Sie gerade welche zur Hand haben.

RÄUCHERMOZZARELLA MIT TOMATEN

ERGIBT 4 PORTIONEN, ALS VORSPEISE

400 g kleine Tomaten in verschiedenen Farben
300 g Mozzarella
4 EL Olivenöl
einige Stängel Basilikum
Salzflocken

★ Einen doppelt gefalteten Bogen Aluminiumfolie auslegen und die Ränder nach oben biegen. Die Tomaten halbieren und in die Aluform legen. Den Mozzarella in acht bis zehn Stücke teilen und zugeben. Olivenöl darübergießen und ein paar Basilikumstängel hineinlegen. Mit Salzflocken bestreuen.

★ Das Folienpaket über indirekter Hitze mit Räucherspänen platzieren. Ca. 10 Minuten garen, bis der Mozzarella geschmolzen ist.

Dieses aromatische Gemüse sollten Sie am besten schon am Vortag zubereiten.

MARINIERTES GRILLGEMÜSE

ERGIBT 4 PORTIONEN, ALS BEILAGE ODER ALS VORSPEISE

je 200 g grüne und gelbe Zucchini, geputzt
1 Zwiebel, geschält
je 1 rote, gelbe und orangefarbene Paprika
Salz
Olivenöl
100 g gute Oliven

FÜR DIE MARINADE:
10 Stängel Oregano
3 Knoblauchzehen, geschält
3 EL Rotweinessig
200 ml Olivenöl

★ Für das Gemüse Zucchini und Zwiebel in zentimeterdicke Scheiben schneiden. Die Paprikaschoten entkernen und in 2 Zentimeter große Stücke schneiden. Das Gemüse vermischen, salzen und ca. 30 Minuten ziehen lassen. Anschließend trocken tupfen und dann in Olivenöl wenden.

★ Bei direkter Hitze grillen, bis es weich ist und eine schöne Grilloberfläche hat. Das Gemüse abkühlen lassen.

★ Für die Marinade Oreganoblätter abzupfen. Knoblauch und Oregano mit Essig im Mörser zerreiben und anschließend mit Olivenöl mischen. Das Gemüse unter Beigabe der Oliven mit der Marinade vermengen. Vor dem Servieren ein paar Stunden ziehen lassen, am besten über Nacht.

FRISCHE BOHNEN IN KRÄUTERBUTTER

ERGIBT 4 PORTIONEN, ALS BEILAGE

3 Knoblauchzehen, geschält
150 g Butter
2 TL frisch gepresster Zitronensaft
2 EL fein gehackte Petersilie
2 EL fein gehackter Estragon
200 g Wachsbohnen, geputzt
200 g grüne Bohnen, geputzt
Salz

★ Für die Kräuterbutter den Knoblauch fein hacken und mit Butter, Zitronensaft und Kräutern in eine Küchenmaschine geben. Zu einer grünen Butter mixen.

★ Die Bohnen in einen Topf oder eine ofenfeste Form geben und die Butter in Flocken darüber verteilen. Salzen und bei direkter Hitze ca. 10 Minuten auf den Grill stellen, bis die Bohnen weich, aber immer noch etwas bissfest sind.

★ Die Bohnen zu einem schönen Stück Fleisch oder Fisch servieren und am besten noch etwas von der guten Butter darübergießen.

Ich liebe diesen Salat zu gegrilltem Fisch. Bild auf Seite 35.

★

SALAT MIT PFIFFERLINGEN UND BALSAMICO-ZWIEBEL

ERGIBT 4 PORTIONEN, ALS VORSPEISE ODER BEILAGE

FÜR DIE ZWIEBEL:
25 ml Rotweinessig
20 g Zucker
Salz
½ rote Zwiebel

FÜR DIE PILZE:
400 g Pfifferlinge
Olivenöl, Butter, Salz

FÜR DEN BLATTSALAT:
200 g Blattsalat
2 EL Balsamico-Essig
3 EL Olivenöl
Salzflocken

★ Für die eingelegte Zwiebel Essig, Zucker und 50 Milliliter Wasser mit einer kleinen Prise Salz aufkochen. Die rote Zwiebel schälen, in Spalten schneiden und in den kochenden Sud geben. Den Topf vom Herd nehmen und die Zwiebel abkühlen lassen.

★ Für die Pilze die Pfifferlinge putzen. Eine Pfanne stark erhitzen. Die Pfifferlinge in Olivenöl braten, bis sie schön gebräunt sind. Anschließend einen Klecks Butter zufügen und weitere ca. 2 Minuten braten. Mit Salz abschmecken.

★ Den Blattsalat mit Essig und Olivenöl vermengen und mit Salzflocken bestreuen. Die Pfifferlinge daraufgeben. Die rote Zwiebel abgießen und über den Salat streuen.

So süß, aromatisch und lecker! Ich liebe diese Grillzwiebeln.

GEMISCHTE GRILLZWIEBELN

ERGIBT 4 PORTIONEN, ALS BEILAGE

3 braune Zwiebeln
3 rote Zwiebeln
1 Lauchstange, geputzt
Olivenöl
gehackte Petersilie
Salzflocken

★ Die braunen und roten Zwiebeln halbieren, aber nicht schälen. Den ganzen Lauch und die halbierten Zwiebeln mit der Schnittfläche nach oben auf indirekte Hitze legen. Ca. 45 Minuten grillen, bis alle Zwiebeln weich sind, dabei ein paarmal wenden.

★ Die Zwiebeln eine Weile beiseitestellen und etwas abkühlen lassen. Die verbrannte äußerste Schicht des Lauchs und die verbrannte Schale der Zwiebeln entfernen. Alles in Stücke schneiden und mit etwas Olivenöl und Petersilie vermengen. Mit Salzflocken abschmecken.

Vorspeise oder Beilage, Sie entscheiden.

KRÄUTER-BETE AUS DEM PÄCKCHEN

ERGIBT 4 PORTIONEN, ALS VORSPEISE ODER BEILAGE

12 kleine Knollen Rote Bete
Salz
einige Stängel Thymian
einige Zweige Rosmarin
Olivenöl
2 Scheiben helles Sauerteigbrot
150 g Schafskäse
Salzflocken

★ Die Roten Beten schälen und auf ein doppelt gefaltetes Backpapier oder einen doppelt gefalteten Bogen Aluminiumfolie legen. Salzen und mit Thymian und Rosmarin belegen. Mit etwas Olivenöl befeuchten. Das Papier zusammenfalten und mit Küchengarn zubinden, alternativ die Folie zusammenfalten. Bei indirekter Hitze ca. 1 Stunde grillen, bis die Roten Beten weich, aber noch leicht bissfest sind.

★ Die Brotscheiben mit etwas Olivenöl beträufeln und bei direkter Hitze grillen, bis sie eine feine Röstoberfläche bekommen haben. Das Päckchen öffnen, Kräuter entfernen und das Brot sowie den Schafskäse über die Roten Beten bröckeln. Mit Salzflocken bestreuen und zum Schluss noch etwas Olivenöl aufträufeln.

Salzig, süß, bitter und umami – alle Geschmacksrichtungen in nur einem Salat. Sie dürfen gespannt sein.

★

SÜSS-SAURER FEIGENSALAT

ERGIBT 4 PORTIONEN, ALS VORSPEISE ODER BEILAGE

8 Feigen
2 EL flüssiger Honig
1 Zweig Rosmarin
Salzflocken
Olivenöl
200 g gemischte Salatblätter
2 EL Apfelessig
3 EL Olivenöl
100 g Walnüsse
75 g Parmesan

★ Die Feigen waschen und halbieren. Einen doppelt gefalteten Bogen Aluminiumfolie auslegen und die Ränder nach oben biegen. Die Feigen darauflegen und mit Honig beträufeln. Den Rosmarin zupfen und zusammen mit Salzflocken darüberstreuen. Mit etwas Olivenöl beträufeln. Das Folienpaket bei direkter Hitze auf den Grill legen und ca. 10 Minuten grillen, bis der Honig um die Feigen zu karamellisieren beginnt.

★ Den Salat mit Essig, Öl und Salzflocken vermengen. In eine Schale geben und die gegrillten Feigen und die Walnüsse darauflegen. Mit gehobeltem Parmesan bestreuen und sofort servieren.

Dieses Gericht braucht seine Zeit, aber die ist es ganz bestimmt wert.

★

KNOLLENSELLERIE VOM ROST

ERGIBT 4 PORTIONEN, ALS BEILAGE

2 mittelgroße Sellerieknollen
100 ml Olivenöl
2 EL fein gehackter Rosmarin
Salzflocken

★ Mit beispielsweise einem Grillspieß oder einem Kartoffelstecher aus Metall ein paar Löcher in die Sellerieknollen stechen. Anschließend die Sellerieknollen bei indirekter Hitze ca. 2 Stunden und 30 Minuten auf den Grill legen, bis sie ganz weich sind. Vom Grill nehmen und etwas abkühlen lassen. Die Schale entfernen und den Sellerie in 2 x 2 Zentimeter große Würfel schneiden. Mit Olivenöl und Rosmarin vermengen und mit Salzflocken abschmecken.

Auf Seite 51 sehen Sie, wie Sie einen unwiderstehlichen Frischkäse selbst zubereiten können.

Auf Seite 51 sehen Sie

BANANENSCHALOTTEN MIT FRISCHKÄSEFÜLLUNG

ERGIBT 4 PORTIONEN, ALS BEILAGE

250 g Frischkäse
1 EL fein gehackter Oregano
1 EL fein gehackte glatte Petersilie
10 große Bananenschalotten
Olivenöl
Salz
Salzflocken
Rucola

★ Den Frischkäse mit den Kräutern vermengen. Die Schalotten schälen und in der Mitte längs einschneiden. Das Mittelstück der Schalotten herausnehmen und die Öffnungen mit der Frischkäsecreme füllen.

★ Die Schalotten in etwas Öl und Salz wenden. Bei indirekter Hitze ca. 10 Minuten grillen, bis sie weich sind. Falls sie nicht genug Farbe bekommen haben, kurz über direkte Hitze legen. Die Schalotten auf eine Platte legen. Mit etwas gutem Olivenöl beträufeln und mit Salzflocken sowie Rucola bestreuen.

Mais ist eine der Gemüsesorten, die am häufigsten auf den Grill gelegt wird. Mit rauchiger Butter und Salzflocken wird er unschlagbar lecker. Bild auf Seite 46.

KOLBENMAIS MIT RÄUCHERBUTTER

ERGIBT 4 PORTIONEN, ALS VORSPEISE ODER BEILAGE

200 g Butter
4 Maiskolben
Olivenöl
Salz
Salzflocken

★ Die Butter in eine ofenfeste Form geben und ca. 20 Minuten über indirekte Hitze mit Räucherspänen stellen. Die geschmolzene Butter soll einen guten Rauchgeschmack annehmen. Dann kalt stellen. Die erkaltete Butter mit einem elektrischen Rührgerät leicht und luftig schlagen.

★ Die Maiskolben putzen und mit Olivenöl und etwas Salz bestreichen. Ca. 10 Minuten bei direkter Hitze grillen, bis der Mais weich ist und eine schöne Grilloberfläche hat. Die frisch gegrillten Maiskolben mit der geräucherten Butter und Salzflocken servieren.

PIKANTE HALLOUMIBURGER

ERGIBT 4 PORTIONEN

FÜR DIE KORIANDERCREME UND TOMATENSALSA:

2 Eigelb
2 TL frisch gepresster Zitronensaft
2 TL Dijonsenf
2 EL Korianderblätter
150 ml neutrales Speiseöl
Salz
100 g Cocktailtomaten
½ rote Chilischote
2 TL frisch gepresster Limettensaft
2 TL Olivenöl

FÜR DEN GRILLKÄSE:

4 Stücke Halloumi à 150 g
Olivenöl

4 Hamburgerbrötchen, siehe Seite 90
Salat

★ Für die Koriandercreme Eigelbe, Zitronensaft, Dijonsenf und Koriander in eine Küchenmaschine geben und den Mixer einschalten. Das Öl tropfenweise zufügen und weiter mixen, bis eine dicke Creme entsteht. Mit Salz abschmecken.

★ Für die Tomatensalsa die Tomaten in Spalten schneiden. Die Chili entkernen und fein hacken. Tomaten, Chili, Limettensaft und Olivenöl vermischen. Mit Salz abschmecken und ein paar Minuten marinieren lassen.

★ Für den Grillkäse den Halloumi mit Olivenöl bestreichen und bei direkter Hitze auf jeder Seite ein paar Minuten grillen, bis er eine schöne Grilloberfläche bekommt. Die Brötchen aufschneiden und auf den Schnittflächen grillen.

★ Die Burger aus Brötchen, Koriandercreme, Tomatensalsa, Halloumi und Salat üppig zusammenbauen.

BULGUR-BROKKOLISALAT

ERGIBT 4 PORTIONEN, ALS BEILAGE

500 g Brokkoli
2 EL Minzeblätter
600 g gekochter Bulgur
3 EL frisch gepresster Zitronensaft
5 EL Olivenöl
Salz
60 g Pecorino

★ Den Brokkoli in kleine Röschen zerteilen, Minzblätter in feine Streifen schneiden. Bulgur mit Brokkoli, Minze, Zitronensaft und Olivenöl vermengen. Mit Salz abschmecken. Den Salat anrichten und den Pecorino darüberhobeln.

Man kann alles grillen. Vor rund zehn Jahren habe ich in einem Interview gesagt, dass man weißen Spargel nicht auf die Glut legen sollte. Aber da lag ich falsch, gegrillt ist er absolut köstlich.

GRILL-SPARGEL IN HONIG-ESTRAGON-VINAIGRETTE

ERGIBT 4 PORTIONEN, ALS VORSPEISE ODER BEILAGE

500 g weißer Spargel
Olivenöl
Salz
1 EL Dijonsenf
½ EL Apfelessig
½ EL flüssiger Honig
50 ml neutrales Speiseöl
1 EL fein gehackter Estragon

* Die beiden unteren Zentimeter des Spargels abschneiden. Den Rest sorgfältig schälen. Den Spargel in etwas Olivenöl und Salz wenden und anschließend bei direkter Hitze grillen, bis er weich, aber noch leicht bissfest ist. Er soll eine schöne Grilloberfläche bekommen.
* Für die Vinaigrette die restlichen Zutaten vermischen und mit Salz würzen. Den Spargel in der Vinaigrette wenden und dann noch einmal mit Salz abschmecken.

Bild auf Seite 50

RÄUCHERSPARGEL À LA VÄSTERBOTTEN

ERGIBT 4 PORTIONEN, ALS VORSPEISE ODER ALS BEILAGE

500 g grüner Spargel
100 ml Olivenöl + etwas zum Wenden
Salz
150 g Västerbottenkäse (schwedischer Hartkäse, online erhältlich; ersatzweise Parmesan o. Pecorino)
40 g Salzflocken

ZUM SERVIEREN:
junge Salatblätter

* Die beiden untersten Zentimeter des Spargels abschneiden. Spargel ggf. im unteren Drittel schälen. In etwas Öl und Salz wenden und bei geschlossenem Deckel ca. 3 Minuten bei direkter Hitze mit Räucherspänen grillen, bis er eine schöne Farbe hat.
* Käse, Olivenöl und Salzflocken jeweils in eine Aluminiumschale oder ofenfeste Form geben. Auf den Grill setzen und bei indirekter Hitze mit Räucherspänen in der Glut und mit geschlossenem Deckel ca. 15 Minuten räuchern. Die Formen herausnehmen und abkühlen lassen.
* Den Spargel anrichten und die Salatblätter darauflegen. Den Käse darüberbröckeln und etwas Rauchöl darüberträufeln.

Auf dem Grill zu backen ist für mich ein großes Vergnügen. Zudem schmeckt selbst gebackenes Tunnbröd – das schwedische, dünne, leicht süßlich schmeckende Knäckebrot, einfach hervorragend. Fügen Sie auch hier ein paar Räucherspäne zu, um dem Brot eine rauchige Note zu verleihen. Die Frischkäsecreme lässt sich bereits am Vortag zubereiten.

★

SELBST GEBACKENES TUNNBRÖD MIT KÄSECREME

ERGIBT 4 PORTIONEN

FÜR DIE KÄSECREME:

1 l Filmjölk (schwedisches Sauermilchprodukt; ersatzweise Schwedenmilch, erhältlich im Reformhaus oder Bioladen)
je 1 EL fein gehackte Petersilie, Schnittlauch und Estragon
2 EL Crème fraîche
Salz

FÜR DAS TUNNBRÖD:

50 g Butter
500 ml Milch
15 g frische Hefe
½ TL Salz
1 EL Sirup
½ TL Hirschhornsalz
120 g Grahammehl
110 g Weizen-/Roggenmischmehl
360–420 g Weizenmehl + 60 g zum Kneten und Formen

AUSSERDEM:

Kaffeefilter oder Siebtuch

★ Für die Käsecreme an Tag 1 die ungeöffnete Packung oder Flasche Filmjölk in einen großen Topf stellen und mit Wasser auffüllen, sodass mindestens ⅔ der Packung bedeckt sind. Das Wasser aufkochen und 45 Minuten leicht sieden lassen. Den Kaffeefilter oder das Siebtuch in ein Sieb oder einen Filterhalter stellen. Filmjölk aus dem Topf nehmen und in den Filter oder das Siebtuch gießen. Über Nacht abtropfen lassen.

★ An Tag 2 Filmjölk mit Kräutern und Crème fraîche vermischen. Mit Salz abschmecken.

★ Für das Tunnbröd die Butter in einem Topf zerlassen, vom Herd nehmen und in die Milch gießen. Die Hefe in eine Rührschüssel geben und mit der Milch übergießen. Alle Zutaten bis auf das Weizenmehl zufügen und gut vermengen. Dann das Weizenmehl zufügen und den Teig ca. 5 Minuten in der Küchenmaschine oder 10 Minuten mit den Händen kneten, bis er sich von den Rändern der Schüssel löst. Unter einem Geschirrtuch ca. 30 Minuten bis zur doppelten Größe gehen lassen.

★ Den Teig in 12–15 Kugeln teilen. Jede Kugel zu einem sehr dünnen Fladen ausrollen. Mit einer Gabel einstechen. Ein grilltaugliches Backblech über direkte Hitze stellen und den Deckel schließen. Richtig heiß werden lassen, die ausgerollten Teigstücke darauflegen und den Deckel erneut schließen. Einige Minuten backen und die Fladen wenden, sobald sie eine schöne Oberfläche haben. Die Brote vom Grill nehmen und unter einem Geschirrtuch auf einem Gitter abkühlen lassen. Mit der Frischkäsecreme bestreichen und servieren.

Fisch & Krustentiere

Haben Sie keine Scheu, Fisch und Krustentiere zu grillen. Die Glut macht wirklich das Beste daraus. Der milde Geschmack von Fisch und Krustentieren bekommt durch das Grillen und Räuchern etwas mehr Charakter. Ich liebe es, Miesmuscheln, Meereskrebse, Hummer, Lachs, Hering, Thunfisch und anderes aus dem Meer mit speziellem Grillaroma zu essen. Achten Sie nur darauf, dass Sie Produkte mit MSC-Siegel kaufen. Wenn Sie befürchten, der Fisch könne am Grillrost kleben bleiben, legen Sie ihn auf einen Grillteller, ein Grillnetz oder eine gefettete Aluminiumfolie. Geschmacklich wird er am besten, wenn er direkt auf dem Rost liegt und nichts zwischen ihm und der Hitzequelle ist. Ich empfehle, Fisch immer im Ganzen zu grillen. Das vermindert das Risiko, dass man den richtigen Moment des Herunternehmens verpasst und er zu sehr durchgart. Kontrollieren Sie auch beim Fisch mit einem Digitalthermometer die Kerntemperatur, nur so lässt er sich auf den Punkt garen. Mit Filets kommt man natürlich auch zu schönen Ergebnissen. Nehmen Sie dann lieber dicke Scheiben als dünne.

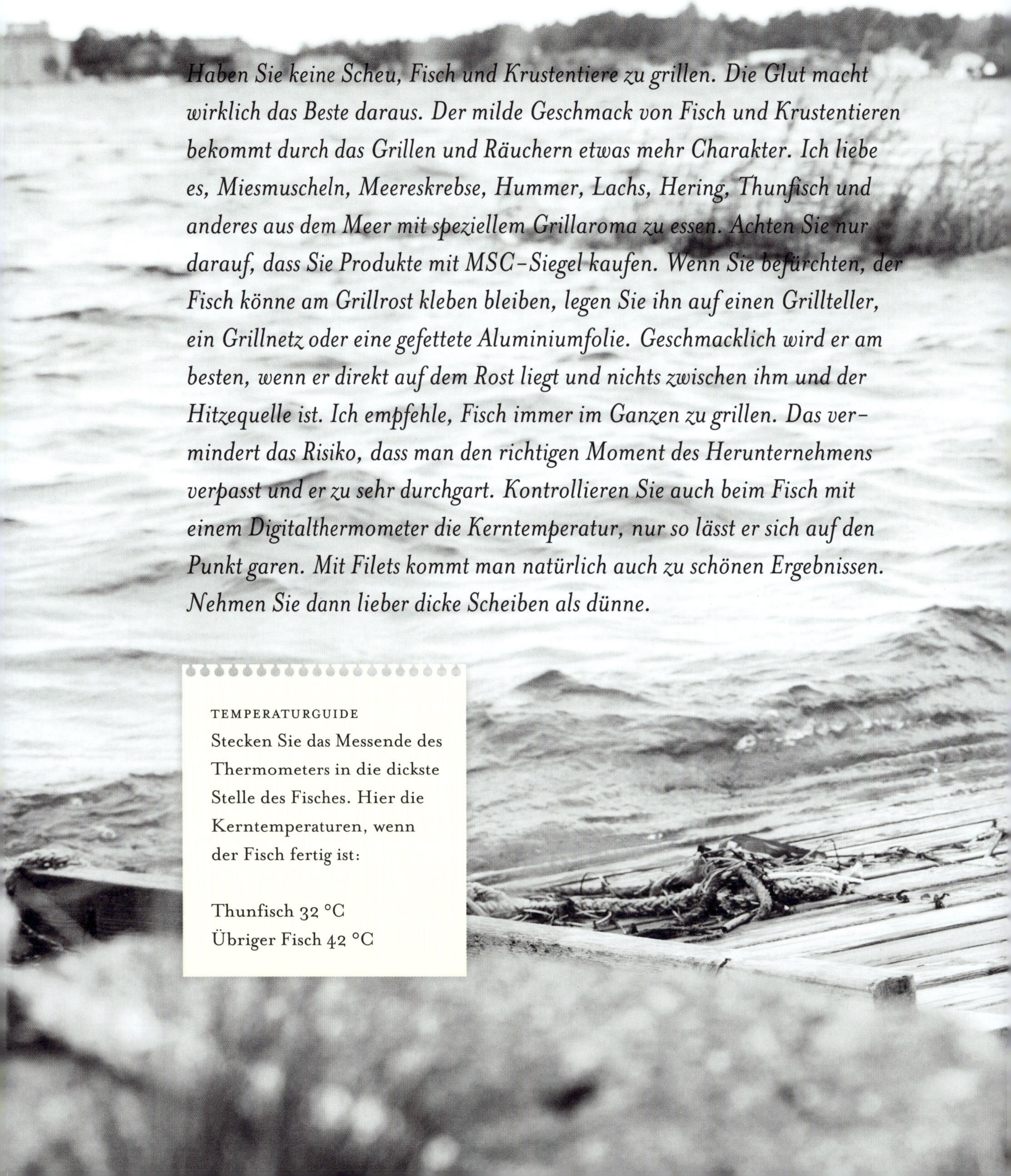

TEMPERATURGUIDE

Stecken Sie das Messende des Thermometers in die dickste Stelle des Fisches. Hier die Kerntemperaturen, wenn der Fisch fertig ist:

Thunfisch 32 °C
Übriger Fisch 42 °C

Alle guten Aromen des Sommers auf einem Brot. Ein Genuss für freie Tage.

★

ZANDER UND PFIFFERLINGE AUF KNÄCKEBROT

ERGIBT 8 PORTIONEN ALS VORSPEISE ODER 4 PORTIONEN ALS ZWISCHENGERICHT

FÜR DIE EINGELEGTE GURKE:
25 ml Weißweinessig
20 g Zucker
Salz
150 g Gurke

FÜR DIE KÄSEMISCHUNG:
150 g Frischkäse
2 EL fein gehackter Schnittlauch

FÜR DEN FISCH:
1 ganzer ausgenommener Zander (1 kg)
Salz
einige Stängel Dill
einige Zweige Rosmarin

FÜR DAS BROT:
200 g Pfifferlinge
2 EL Olivenöl
15 g Butter
8 Stücke Knäckebrot
Salzflocken
gehackte Petersilie

★ Für die eingelegte Gurke Essig, Zucker und 50 Milliliter Wasser mit einer kleinen Prise Salz aufkochen lassen. Den Sud herunterkühlen. Die Gurke schälen, entkernen, in Streifen schneiden und in den kalten Sud geben.

★ Für die Käsemischung den Frischkäse mit dem Schnittlauch vermengen.

★ Für den Fisch den Zander ordentlich salzen und den Bauch mit Dill und Rosmarin füllen. Bei indirekter Hitze ca. 40 Minuten grillen, bis die Kerntemperatur 40 °C beträgt (am besten beim Rückgrat messen). Den Zander vom Grill nehmen und etwas abkühlen lassen. Anschließend das Fleisch vom Knochen lösen.

★ Für das Brot die Pfifferlinge putzen. Eine Pfanne stark erhitzen. Die Pfifferlinge in Öl braten, bis sie schön gebräunt sind. Dann die Butter zufügen und weitere 2 Minuten braten. Mit Salz abschmecken.

★ Eine dicke Schicht Schnittlauchfrischkäse auf das Knäckebrot streichen. Zanderstücke, Pfifferlinge und eingelegte Gurke darauflegen. Mit Salzflocken und Petersilie bestreuen.

Servieren Sie frisch gekochte neue Kartoffeln mit viel Dill, und schon steht diese Delikatesse als warmes Hauptgericht auf dem Tisch.

BUTTER-MATJES MIT RADIESCHENSALAT

ERGIBT 4 PORTIONEN, ALS VORSPEISE

- 100 g Butter
- 4 Matjesfilets
- 4 hart gekochte Eier
- 100 g Gurke
- 6 Radieschen
- 4 EL geriebener Meerrettich

★ Die Ränder von vier doppelten Bögen Aluminiumfolie nach oben falten, sodass vier Formen entstehen. Die Butter in den Formen verteilen und die Päckchen für ca. 3 Minuten über direkte Hitze stellen, bis die Butter leicht gebräunt ist und nussig duftet. In jede Form ein Matjesfilet legen und ca. 1 Minute in der Butter brutzeln lassen.

★ Die Eier pellen und in Spalten schneiden. Die Gurke schälen und in dünne Scheiben schneiden. Die Radieschen dünn hobeln. Den Matjes mit Ei, Gurke und Radieschen belegen. Zum Schluss mit Meerrettich bestreuen.

Auf dem Grill noch einfacher zuzubereiten als auf dem Herd.

★

TOMATEN-KNOBLAUCH-MUSCHELN

ERGIBT 4 PORTIONEN, ALS VORSPEISE

1 kg Miesmuscheln
2 Schalotten
2 Knoblauchzehen
4 Tomaten
10 Stängel Thymian
Salz
Olivenöl

★ Die Muscheln waschen und abspülen, offene Muscheln wegwerfen. Eine Weile in einem Sieb stehen lassen, sodass sie abtropfen. Die Schalotten und den Knoblauch schälen und fein hacken. Die Tomaten halbieren und entkernen. Das Tomatenfleisch fein würfeln. Einen doppelt gefalteten großen Bogen Aluminiumfolie auslegen. Muscheln, Zwiebeln, Knoblauch, Tomaten, Thymianstängel, Salz und Olivenöl darauflegen und vermengen. Die Folie zu einem geschlossenen Päckchen falten.

★ Den Grill stark erhitzen und das Aluminiumpäckchen auf die glühenden Kohlen legen. Die Muscheln ca. 10 Minuten garen lassen, bis sie sich geöffnet haben.

Meereskrebse sind ein Produkt der schwedischen Westküste.
Bild auf der nächsten Doppelseite.

★

MEERESKREBSE MIT KNOBLAUCH-KRÄUTERN

ERGIBT 4 PORTIONEN, ALS VORSPEISE

12 rohe Meereskrebse (ersatzweise rohe Garnelen)
Salz
2 Scheiben gefrorenes weißes Sauerteigbrot
2 Knoblauchzehen
je 1 EL gehackter Estragon, Petersilie und Dill
Olivenöl

★ Die Meereskrebse der Länge nach halbieren und in der Schnittfläche salzen. Das gefrorene Brot in einer Küchenmaschine fein reiben. Den Knoblauch schälen, fein hacken, zusammen mit den Kräutern zufügen und mixen. Die Kräuterbrotbrösel über die Schnittfläche der Krebse streuen. Mit Olivenöl beträufeln. Anschließend mit der Schalenseite nach unten über direkte Hitze legen und ca. 3 Minuten grillen, bis das Fleisch weiß geworden ist. Am besten mit geröstetem Brot servieren.

Das Gemüse bleibt roh. Es wird aber durch die Marinade etwas weich, bekommt einen herrlichen Geschmack und hat einen schönen Biss. Ein ungemein frisches Sommergericht.

★

GLASIERTER LACHS MIT SESAM

ERGIBT 4 PORTIONEN ALS HAUPTGERICHT

FÜR DIE SESAMGLASUR:

50 ml japanische Sojasoße
2½ EL Zucker
1 EL Apfelessig
2 EL Sesamsamen

FÜR DAS MARINIERTE GEMÜSE:

100 g Lauch
100 g Möhren
100 g Rotkohl
100 g Wachsbohnen
100 g grüne Bohnen
70 g Mungobohnensprossen
Saft von 3 Limetten
1 TL Sesamöl
2 EL neutrales Speiseöl
25 g gehackter Koriander
Salzflocken

FÜR DEN FISCH:

4 Lachsfilets mit Haut à ca. 170 g
Salz
Olivenöl

★ Für die Sesamglasur sämtliche Zutaten mit Ausnahme des Sesamsamens in einen Topf geben. 5 Minuten einkochen, bis ca. ⅓ der Flüssigkeit übrig ist. Die Sesamsamen zugeben und die Glasur abkühlen lassen.
★ Für das marinierte Gemüse den Lauch putzen und in Streifen schneiden. Die Möhren schälen und in feine Streifen schneiden. Den Kohl in Streifen schneiden. Die Bohnen putzen und der Länge nach halbieren. Mungobohnensprossen gut abspülen. Limettensaft, Sesamöl, Öl und Koriander zu einer Marinade vermengen und das Gemüse ca. 15 Minuten vor dem Servieren darin marinieren lassen. Mit Salzflocken abschmecken.
★ Für den Fisch den Lachs salzen und mit Olivenöl einreiben. Mit der Fleischseite nach unten für ca. 2 Minuten über direkte Hitze legen. Anschließend wenden und weitere ca. 2 Minuten grillen, bis die Kerntemperatur ca. 40 °C beträgt. Den Lachs mit der Sesamglasur bestreichen und dann vom Grill nehmen. Sofort zu dem marinierten Gemüse servieren.

Hering wird auf dem Grill so lecker! Hier gibt's ihn in mediterranem Stil mit einer besonders aromatischen Füllung und einer sommerlichen Salsa aus Tomate und Dill.

★

GEFÜLLTER HERING AUF MEDITERRANE ART

ERGIBT 4 PORTIONEN, ALS HAUPTGERICHT

FÜR DIE SALSA:
400 g gemischte Tomaten
1 Chilischote
Saft von 2 Limetten
2 EL Olivenöl
2 EL gehackter Dill
Salzflocken

FÜR DEN FISCH:
600 g Heringsfilets
150 g sonnengetrocknete Tomaten
200 g Feta
Salz, Olivenöl
neue Kartoffeln

★ Für die Salsa die frischen Tomaten in kleinere Stücke schneiden. Die Chili halbieren, entkernen und in feine Streifen schneiden. Tomaten, Chili, Limettensaft, Olivenöl und Dill vermischen und mit Salzflocken abschmecken.

★ Für den Fisch die Hälfte der Heringsfilets mit der Hautseite nach unten auslegen. Die sonnengetrockneten Tomaten fein hacken und über den Filets verteilen. Den Feta darüberbröseln. Die restlichen Filets darauflegen. Den Hering salzen und mit Olivenöl bestreichen.

★ Bei direkter Hitze auf jeder Seite 1–2 Minuten grillen. Der Hering kann leicht am Grillrost hängen bleiben – man kann ihn aber zum Garen auf Aluminiumfolie oder einen Grillteller legen. Mit der Salsa und reichlich frisch gekochten Kartoffeln servieren.

Ein kulinarischer Knaller, der sich perfekt als Vorspeise oder sogar als nächtlicher Imbiss anbietet.

★

TORTILLAS MIT BBQ-KRABBEN

ERGIBT 4 PORTIONEN, ALS VORSPEISE

75 g Staudensellerie
75 g Fenchel
75 g Möhren
Salz
200 g geschälte Krabben
75 ml Barbecuesoße, siehe Seite 109
4 Tortillafladen

★ Sellerie, Fenchel und Möhren in feine Streifen schneiden und leicht salzen. Das Gemüse 10 Minuten stehen lassen und anschließend etwas Wasser herausdrücken. Die Krabben leicht hacken und mit Gemüse und Barbecuesoße vermengen.

★ Die Tortillafladen auslegen. Das Gemisch in einem Strang in die Mitte des Brotes legen. Die Fladen flach zusammenwickeln. Bei direkter Hitze knusprig grillen.

Ein edles Abendessen, das als Hauptgericht oder als nette Vorspeise serviert werden kann.

GRILL-TRIO MIT JAKOBSMUSCHELN

ERGIBT 4 PORTIONEN ALS HAUPTGERICHT ODER 8 PORTIONEN ALS VORSPEISE

FÜR DAS DRESSING:
1 Limette
1 Zitrone
1 TL flüssiger Honig
50 ml Olivenöl
Salz

FÜR DIE MUSCHELN:
200 g Romanasalat
8 geputzte Frühlingszwiebeln
500 g kleine gekochte neue Salzkartoffeln
Olivenöl
Salz
600 g Jakobsmuschelfleisch

60 g Parmesan
Salzflocken

★ Für das Dressing Limette und Zitrone halbieren und bei direkter Hitze 6–7 Minuten rundum grillen, bis sie fast eine verbrannte Oberfläche haben. Abkühlen lassen. Allen Zitrussaft in eine Schüssel auspressen und mit Honig und Olivenöl vermengen. Mit Salz abschmecken.

★ Für die Muscheln den Romanasalat vierteln. Die Frühlingszwiebeln in 10 Zentimeter lange Stücke schneiden. Frühlingszwiebeln, Romanasalat und Kartoffeln in Olivenöl und etwas Salz wenden. Die Jakobsmuscheln salzen und mit etwas Öl bestreichen.

★ Alles Gemüse bei direkter Hitze ca. 5 Minuten grillen, bis es eine schöne Grilloberfläche hat. Die Jakobsmuscheln ebenfalls auf den Grill legen und bei direkter Hitze kurz grillen, nur 30 Sekunden auf jeder Seite, bis sie eine schöne Grilloberfläche haben.

★ Das Gemüse und die Jakobsmuscheln appetitlich anrichten. Das Dressing darübergeben und den Parmesan darüberhobeln. Mit Salzflocken bestreuen.

PIZZA VOM STEIN

ERGIBT 4 PORTIONEN

20 g frische Hefe
50 ml Olivenöl
ca. 360 g Weizenmehl
ca. 390 g Hartweizenmehl
½ TL Salz
500 g Champignons
500 g Artischockenherzen
600 g Mozzarella
ca. 500 g passierte Tomaten
150 g Sardellenfilets in Öl
Salzflocken
Basilikumblätter und Olivenöl

★ Die Hefe in eine Schüssel bröseln, 500 Milliliter lauwarmes Wasser darübergießen und rühren, bis sich die Hefe aufgelöst hat. Öl und Mehlsorten zufügen und 8 Minuten in einer Küchenmaschine oder 15 Minuten von Hand kneten. Das Salz zufügen und den Teig weitere 2 Minuten bearbeiten. Anschließend ca. 1 Stunde bis zur doppelten Größe gehen lassen. Teig erneut kneten, bis die Luft herausgegangen ist. Vier Pizzaböden ausrollen.
★ Die Champignons in Scheiben schneiden. Die Artischockenherzen halbieren. Den Mozzarella in Scheiben schneiden. Die passierten Tomaten auf die Pizzaböden streichen und alle anderen Zutaten darauf verteilen.
★ Einen Backstein oder ein für den Grill vorgesehenes Backblech über direkte Hitze stellen, Deckel schließen. Den Stein heiß werden lassen, die Pizza darauflegen und den Deckel wieder schließen. Ca. 10 Minuten backen.

Lecker auf Brot oder in einem guten Salat! Bild auf der vorigen Doppelseite.

★

FLUSSBARSCH AUS DEM RAUCH

ERGIBT 4 PORTIONEN

2 ausgenommene Flussbarsche à ca. 400 g
Salz
Kräuter nach Wahl

★ Den Flussbarsch rundherum und im Bauch salzen. Mit einigen Kräutern füllen. Am besten vor der Zubereitung ca. 30 Minuten ruhen lassen. Einen offenen Bogen Aluminiumfolie mit Räucherspänen auf den Rost stellen. Den Flussbarsch über direkte Hitze legen und bei geschlossenem Deckel ca. 15 Minuten garen, bis die Kerntemperatur 40 °C beträgt. Anschließend vom Grill nehmen, abkühlen lassen und das Fleisch auslösen.
★ Den rauchigen Flussbarsch idealerweise mit dem Kartoffelsalat von Seite 29 servieren.

Eine wunderbar dekadente, aber einfache Vorspeise. Die Füllung kann man gut am Vortag zubereiten. Bild auf der vorigen Doppelseite.

KÖNIGSKRABBEN-KOHLRABI-SANDWICH

ERGIBT 4 PORTIONEN ALS VORSPEISE ODER 2 PORTIONEN ALS ZWISCHENGERICHT

FÜR DIE FÜLLUNG:
120 g Königskrabbenfleisch
120 g Kohlrabi
Olivenöl
Salz
200 g Frischkäse

4 Scheiben weißes
Sauerteigbrot

* Das Krabbenfleisch hacken. Kohlrabi schälen, in feine Würfel schneiden und in etwas Olivenöl ein paar Minuten anbraten, bis er weich ist. Mit Salz abschmecken und abkühlen lassen. Anschließend die Kohlrabiwürfel mit Krabbenfleisch und Frischkäse vermengen.
* Die Mischung auf zwei Brotscheiben streichen und die zwei übrigen darauflegen. Die Sandwiche mit etwas Öl beträufeln. Bei direkter Hitze knusprig grillen.
* Das beste Picknicksandwich! Bereiten Sie es morgens vor und nehmen sie es zum Grillen mit in den Park, an den Strand oder aufs Boot. Es wird besonders gut, wenn Sie das Tunnbröd selbst backen (Rezept Seite 51) – aber gekauftes geht natürlich auch.

TUNNBRÖDFLADEN MIT BÜCKLINGMUS

ERGIBT 4 PORTIONEN ALS VORSPEISE ODER 2 PORTIONEN ALS ZWISCHENGERICHT

FÜR DAS BÜCKLINGMUS:
150 g ausgelöstes Bücklingfleisch (von einem ca. 400 g schweren, ganzen Bückling)
200 g gekochte Kartoffeln
75 ml saure Sahne
1½ EL fein gehackter Schnittlauch
Salz

4 Tunnbrödfladen, siehe Seite 51

* Für das Bücklingmus sämtliche Zutaten zusammen zerdrücken und mit Salz abschmecken. Die Brotfladen auslegen und das Mus in einem Strang in die Mitte der Brote geben. Zusammenrollen. Bei direkter Hitze knusprig grillen.

Der Grillspieß ist eine geniale Erfindung. Alle leckeren Dinge gut gemischt aufstecken und grillen – garantiert immer ein Highlight. Bild auf der nächsten Seite.

FISCHSPIESS MIT BASILIKUM-AIOLI

ERGIBT 4 PORTIONEN, ALS HAUPTGERICHT

FÜR DIE AIOLI:
2 Knoblauchzehen
2 Eigelb
2 TL frisch gepresster Zitronensaft
1 TL Dijonsenf
2 EL gehacktes Basilikum
100 ml Olivenöl
50 ml neutrales Speiseöl
Salz

FÜR DEN SPIESS:
300 g Lachsfilet
300 g Seehechtfilet
½ rote Paprika
½ gelbe Paprika
½ rote Zwiebel
Olivenöl
Salzflocken
1 Zitrone

AUSSERDEM:
4 Grillspieße

★ Für die Aioli den Knoblauch schälen und fein hacken. Knoblauch, Eigelbe, Zitronensaft, Dijonsenf und Basilikum in eine Küchenmaschine geben und den Mixer starten. Tropfenweise die Öle zufügen und mixen, bis eine cremige Masse entstanden ist. Mit Salz abschmecken.

★ Für den Spieß die Fischfilets in 2 x 2 Zentimeter große Stücke schneiden. Die Paprika von Samen und Scheidewänden befreien und in 2 Zentimeter große Stücke schneiden. Die Zwiebel schälen und in Spalten schneiden. Fisch und Gemüse abwechselnd auf vier Grillspieße stecken. Mit Olivenöl bestreichen und mit Salzflocken bestreuen.

★ Die Zitrone halbieren. Die Zitronenhälften bei direkter Hitze mit der Schnittfläche nach unten 3–4 Minuten grillen. Den Spieß bei direkter Hitze auf jeder Seite ca. 1 Minute grillen, bis er eine schöne Grilloberfläche hat.

★ Den Fischgrillspieß mit Basilikum-Aioli und einem guten Salat servieren und etwas gegrillte Zitrone darüberpressen.

TEMPERATURGUIDE

Stecken Sie den Messstab in den dicksten Teil des Fleisches. Hier die Kerntemperaturen für das beste Grillergebnis:

Zartes Rindfleisch *(z. B. Entrecôte, Steak, Filet, Roastbeef, Innenschenkel, Flankensteak, Top Blade)*
Rare: 45 °C
Medium rare: 50 °C
Medium: 55 °C
Medium well done: 60 °C
Well done: 65 °C

Zartes Schweinefleisch *(Rücken, Filet, Kotelett)*
65 °C

Hühnchen
65 °C

Fleisch

Es existieren haufenweise Ratschläge dazu, wie man Fleisch am besten grillt. Unter anderem hört man oft, dass man ein Stück Fleisch nur einmal wenden soll. Ich bin aber der Meinung, dass das Fleisch saftiger wird, je öfter man es wendet. Weitere wichtige Punkte in diesem Zusammenhang: Fleisch sollte ca. 30 Minuten vor dem Grillen gesalzen werden, damit es einen reicheren Fleischgeschmack erhält und saftig wird. Außerdem sollte es Zimmertemperatur haben, wenn Sie mit dem Grillvorgang beginnen.

Ich empfehle fettere Fleischstücke wie Rücken, Hochrippe, Entrecôte und Hähnchenschenkel. Fleisch wird grundsätzlich besser, wenn es am Knochen gebraten wird, egal ob Steak, Kotelett oder Hühnchen.

Ein anderer Tipp, wenn Sie beispielsweise Entrecôte für vier Personen grillen: Lieber zwei dicke als vier dünnere Scheiben nehmen, sie gelingen einfach besser. Das liegt daran, dass das Fleisch etwas länger auf dem Grill liegen darf, ohne dass es zu sehr durchgart. Große Stücke können bei Tisch in Scheiben geschnitten werden.

Vermeiden Sie, das Fleisch vorzeitig anzuschneiden, um zu kontrollieren, ob es servierfertig ist. Wenn Sie die Bratoberfläche durch einen Einschnitt öffnen, wird der Fleischsaft herausgedrückt, und damit geht Saftigkeit verloren. Drücken Sie stattdessen beispielsweise mit einen Pfannenwender leicht darauf – je fester das Fleisch sich anfühlt, desto mehr ist es durch. Am besten ist natürlich, ein Digitalthermometer zu verwenden (siehe Temperaturguide links).

LAMMKOTELETTS MIT CAPONATA

ERGIBT 4 PORTIONEN

FÜR DIE CAPONATA:
2 Knoblauchzehen
½ Aubergine
1 Paprika
½ Zwiebel
2 Stangen Staudensellerie
3 Tomaten
Olivenöl zum Braten
1 EL Kapern
2 EL Rosinen
1 EL Essig
½ EL Zucker
Salz

FÜR DIE ZIEGENKÄSECREME:
100 g Ziegenrolle
100 ml Crème fraîche
Salz
1 EL fein gehackter Rosmarin

800–900 g Lammrack
Salz
frisch gemahlener schwarzer Pfeffer

★ Für die Caponata den Knoblauch fein hacken und das Gemüse putzen und grob würfeln. Etwas Olivenöl in einem Topf erhitzen und Knoblauch, Aubergine, Paprika, Zwiebeln und Sellerie kurz anbraten. Die Tomaten zufügen und bei schwacher Hitze ca. 20 Minuten sieden lassen.

★ Kapern, Rosinen, Essig und Zucker zufügen und noch ein paar Minuten köcheln lassen. Mit Salz würzen.

★ Für die Käsecreme den Ziegenkäse in eine Schüssel bröseln und rasch mit der Crème fraîche verrühren. Mit Salz abschmecken und mit Rosmarin bestreuen.

★ Das Lammrack salzen und pfeffern. Bei indirekter Hitze mit Räucherspänen ca. 20 Minuten grillen, bis die Kerntemperatur ca. 52 °C beträgt. Das Fleisch 10 Minuten ruhen lassen und anschließend die Lammkoteletts aufschneiden. Mit Caponata und Ziegenkäsecreme servieren.

Lässt sich in 15 Minuten zubereiten und haut einen glatt um, so lecker ist es!

MEIN TAGLIATA

ERGIBT 4 PORTIONEN

4 Scheiben Entrecôte à 225 g
Salz, Pfeffer
150 g Rucola
3 EL gutes Olivenöl
2 EL Balsamico-Essig
Salzflocken
50 g Parmesan

★ Das Fleisch salzen und pfeffern. Bei direkter Hitze grillen, bis es eine kräftige Grilloberfläche und eine Kerntemperatur von ca. 50 °C hat (es gart nach und geht noch einige Grad nach oben). Auf einem Schneidebrett ein paar Minuten ruhen lassen.

★ Den Rucola auf Tellern anrichten. Mit Olivenöl und Balsamico-Essig beträufeln. Das Fleisch tranchieren und darauflegen. Mit Salzflocken bestreuen und den Parmesan darüberhobeln.

Ein herrliches Stück Fleisch, kraftvoll im Geschmack. Bild auf Seite 85.

ROASTBEEF MIT SENF-RUCOLA-FÜLLUNG

ERGIBT CA. 8 PORTIONEN

1,5 kg fettes Roastbeef am Stück ohne Fettrand
70 g Rucola
6 Knoblauchzehen
100 g Dijonsenf
Öl
Salz
frisch gemahlener schwarzer Pfeffer
Salzflocken

★ Das Roastbeef zu einem Stück aufschneiden, das man nachher füllen und rollen kann: Auf ein Schneidebrett legen und längs einschneiden, sodass ein 1,5 Zentimeter dicker Deckel entsteht, der noch am Stück hängt. Das Fleisch wenden und dasselbe noch einmal aus der anderen Richtung machen. Das Ganze soll eine 1,5 Zentimeter dicke zusammenhängende Scheibe werden. Die Scheibe auf dem Brett auseinanderfalten.

★ Rucola und Knoblauch hacken. Den Senf auf das Fleisch streichen und mit Knoblauch und Rucola bestreuen. Fest zusammenrollen und mit Küchengarn zusammenbinden. Das Fleisch mit Öl bestreichen, salzen und pfeffern. Bei indirekter Hitze ca. 1 Stunde grillen, bis die Kerntemperatur 52 °C beträgt. Vom Grill nehmen, ruhen lassen, tranchieren und mit Salzflocken bestreuen.

Nehmen Sie nur ein frisches Hühnchen von guter Qualität, das lohnt sich bestimmt!

APFEL-ROSMARIN-HÄHNCHEN

ERGIBT 4 PORTIONEN

½ Zwiebel
1 Apfel
½ Zitrone
abgezupfte Nadeln von 1–2 Zweigen Rosmarin
Salz
1 ganzes Hühnchen à ca. 1,5 kg
Olivenöl

* Die Zwiebel schälen und hacken. Den Apfel entkernen und würfeln. Die Schale der Zitrone mit der weißen Haut abschneiden und das Fruchtfleisch würfeln. Den Rosmarin grob hacken. Alles vermengen und salzen. Das Hühnchen mit der Mischung füllen, mit Olivenöl bestreichen und auch außen ordentlich salzen. Bei indirekter Hitze ca. ½ Stunden grillen, bis die Kerntemperatur 65 °C beträgt.
* Heben Sie die Füllung auf, wenn Sie das Hühnchen halbieren, man kann sie wunderbar in eine gute Jus oder eine Sahnesoße mischen.

Von Großmutters pflaumengespicktem Schweinerücken träume ich heute noch.
Das hier ist zwar nicht Omas Rezept, aber der Braten wird mindestens genauso gut.

RAUCHIGER SCHWEINERÜCKEN MIT PFLAUMEN UND SALBEI

ERGIBT 8 PORTIONEN

10 getrocknete Pflaumen
1 Schweinerücken à ca. 1,6 kg
20 Salbeiblätter
Salz
Olivenöl

* Die getrockneten Pflaumen halbieren. Mithilfe eines Schälmessers zwanzig kleine Löcher in den Schweinerücken stechen und in jedes ein Salbeiblatt und eine getrocknete Pflaumenhälfte stecken. Den Schweinerücken salzen und mit Olivenöl bestreichen. Bei indirekter Hitze mit Räucherspänen ca. 1 Stunde und 30 Minuten grillen, bis die Kerntemperatur 60 °C beträgt. Alle 20 Minuten wenden. Vor dem Servieren ca. 10 Minuten ruhen lassen.
* Das Fleisch in Scheiben schneiden und am besten mit dem marinierten Grillgemüse von Seite 34 oder den Grillzwiebeln von Seite 39 servieren.

Die Lammbrust ist ein Fleischstück, das richtig saftig und köstlich auf den Teller kommt, wenn man es bei indirekter Hitze langsam garen lässt.

GEFÜLLTE LAMMBRUST

ERGIBT 4 PORTIONEN

2 Knoblauchzehen
50 g entsteinte grüne Oliven
40 g Kapern
ca. 1 kg Lammbrust
Salz
2 TL Thymianblätter
2 TL fein gehackte Petersilie
Küchengarn

* Den Knoblauch schälen. Knoblauch, Oliven und Kapern fein hacken. Die Lammbrust mit der Fleischseite nach oben auf ein Schneidebrett legen. Salzen und mit Knoblauch, Oliven, Kapern und Kräutern bestreuen. Von der Längsseite her zu einer festen Rolle zusammenrollen und mit Küchengarn zusammenbinden.
* Die Fleischrolle bei indirekter Hitze ca. 1 Stunde und 30 Minuten grillen, bis die Kerntemperatur ca. 90 °C beträgt. Dabei ein paarmal wenden. Das Fleisch auf einem Schneidebrett 10 Minuten ruhen lassen, bevor es in zentimeterdicke Scheiben geschnitten wird.
* Am besten mit gegrillter Roter Bete, grünem Salat und einer guten Kräuterbutter servieren.

SAFTIG-DICKE KALBSKOTELETTS

ERGIBT 4 PORTIONEN

4 dicke Kalbskoteletts
à ca. 250 g
Salz
frisch gemahlener
schwarzer Pfeffer
einige Stängel Salbei
Olivenöl

★ Die Koteletts salzen und pfeffern. Einige Salbeiblätter abzupfen und das Fleisch mit Salbei und Olivenöl einreiben. Restliche Salbeistängel in die Glut legen und die Koteletts über indirekte Hitze legen. Den Deckel schließen und ca. 10 Minuten garen lassen, bis die Kerntemperatur 52 °C beträgt. Wenn sie nicht genug Grilloberfläche bekommen haben, die letzten Minuten über direkte Hitze legen. Vor dem Servieren ein paar Minuten auf einem Schneidebrett ruhen lassen.

★ Am besten mit dem Pfifferlingsalat von Seite 37 servieren.

Ein einfacher Burger, aber mit einer unglaublichen geschmacklichen Vielfalt! Man braucht kein Dressing, der cremige Käse reicht schon. Natürlich kann man auch einen anderen weichen Käse verwenden, vielleicht einen Taleggio?

HAMBURGER MIT APFEL UND TRÜFFELBRIE

ERGIBT 4 PORTIONEN

600 g Rinderhackfleisch
Salz
frisch gemahlener Pfeffer
4 Hamburgerbrötchen, siehe unten
150 g Speck am Stück
1 Apfel
150 g Trüffelbrie
Olivenöl
4 Salatblätter

★ Das Hackfleisch zu vier Patties formen, salzen und pfeffern. Brötchen aufschneiden. Speck in ½ Zentimeter dicke Scheiben schneiden. Apfel entkernen und in ½ Zentimeter dicke Scheiben schneiden. Brie in Scheiben schneiden.

★ Die Patties und die Apfelscheiben mit Olivenöl bestreichen. Die Patties bei direkter Hitze grillen, bis sie eine schöne Oberfläche und 52 °C Kerntemperatur haben. Speck, Apfel und Brötchen bei direkter Hitze grillen. Salat, Fleisch, Speck, Apfel, Brie und Salatblätter zwischen die Brötchenhälften schichten.

HAMBURGERBRÖTCHEN

ERGIBT 6 BRÖTCHEN

250 ml Milch
35 g frische Hefe
360 g Weizenmehl Type 405
50 g Butter
½ TL Salz
½ TL Zucker
1 verquirltes Ei zum Bestreichen

★ Alle Zutaten vermengen und ca. 10 Minuten zu einem geschmeidigen Teig verarbeiten. In der Schüssel ca. 30 Minuten zu doppelter Größe gehen lassen.

★ Den Teig stürzen und rasch die Luft herauskneten. In sechs Stücke teilen. Zu Kugeln formen und dann zu knapp 1 Zentimeter dicken Fladen ausrollen. Auf ein mit Backpapier ausgelegtes Blech legen und bei Zimmertemperatur ca. 1 Stunde zu doppelter Größe gehen lassen. Die Brötchen mit Ei bestreichen und am besten mit einem leckeren Topping (siehe Hinweis) bestreuen.

★ Den Ofen auf 225 °C vorheizen. Die Brötchen hineinschieben, mit Wasser besprühen und 10 Minuten goldbraun backen. Herausnehmen und auf einem Rost unter einem Geschirrtuch abkühlen lassen.

Probieren Sie verschiedene Toppings aus! Verwenden Sie beispielsweise Sesam-, Dill-, Mohn- oder Fenchelsamen, Kümmel, Sonnenblumenkerne, gehackte Nüsse, gehackten Rosmarin oder Salzflocken.

Verdoppeln Sie die Menge der Zutaten, dann funktioniert das Gericht genauso gut als Hauptspeise. Vielleicht servieren Sie ein paar gegrillte neue Kartoffeln dazu?

★

CARPACCIO MIT RUCOLA-HASELNUSS-CREME

ERGIBT 4 PORTIONEN, ALS VORSPEISE

FÜR DIE RUCOLA-HASELNUSS-CREME:

60 g Haselnusskerne
40 g Rucola
1 Knoblauchzehe
100 ml Olivenöl
Salz

FÜR DAS FLEISCH:

300 g pariertes Mittelstück vom Rinderfilet
Salz
frisch gemahlener schwarzer Pfeffer
Olivenöl
250 g grüner Spargel, geputzt

FÜR DAS TOPPING:

50 g Västerbottenkäse (schwedischer Hartkäse, online erhältlich; ersatzweise Parmesan o. Pecorino)
Salzflocken
frisch gemahlener schwarzer Pfeffer
50 ml gutes Olivenöl

★ Für die Rucola-Haselnuss-Creme Nüsse und Rucola grob hacken und in eine Küchenmaschine geben. Den Knoblauch schälen und hacken und zusammen mit dem Olivenöl zugeben. Zu einer körnigen Masse mixen und mit Salz abschmecken.

★ Für das Fleisch das Rinderfilet salzen und pfeffern und mit Olivenöl bestreichen. Den Spargel in etwas Salz und Olivenöl wenden. Das Rinderfilet und den Spargel ein paar Minuten bei direkter Hitze grillen, bis alles eine kräftige Grilloberfläche hat. Das Rinderfilet abkühlen lassen und dann in sehr dünne Scheiben schneiden. Den Spargel in kleinere Stücke schneiden. Das Rinderfilet auf einer Platte anrichten. Den Spargel darüber verteilen.

★ Für das Topping den Käse darüberhobeln.

★ Die Rucola-Haselnuss-Creme darauf verteilen. Mit Salzflocken und Pfeffer bestreuen und mit Olivenöl beträufeln.

PULLED BEEF MIT ROTKOHLSLAW

ERGIBT 6 PORTIONEN

FÜR DEN ROTKOHLSLAW:

450 g Rotkohl, geputzt
1 EL Rotweinessig
½ TL Salz
½ TL Zucker
1 EL Dijonsenf
200 g Mayonnaise

FÜR DAS PULLED BEEF:

1,2 kg fetter Rinderhals am Stück
Salz
ca. 400 ml Barbecuesoße, siehe Seite 109

FÜR DAS SANDWICH:

1 Baguette
Brunnenkresse
100 g grob zerstoßene Walnüsse

★ Für den Rotkohlslaw den Rotkohl in feine Streifen schneiden und ca. 20 Minuten in Essig, Salz und Zucker marinieren. Alles in ein Sieb geben und so viel Flüssigkeit herausdrücken wie möglich. Den Kohl mit Dijonsenf und Mayonnaise vermengen. Mit Salz abschmecken.

★ Für das Pulled Beef das Fleisch salzen und anschließend mit ca. 200 Milliliter Barbecuesoße einreiben. Den Rinderhals in eine Aluminiumform oder einen großen doppelt gefalteten Bogen Aluminiumfolie mit nach oben gebogenen Rändern legen. Bei indirekter Hitze ca. 4 Stunden grillen, bis die Kerntemperatur 90 °C beträgt und sich das Fleisch auseinanderziehen lässt. Das Fleisch ca. jede ½ Stunde wenden. Etwas abkühlen lassen und dann in kleine Stücke zerteilen. Mit weiteren 100–200 Milliliter Barbecuesoße und Salz abschmecken.

★ Für das Sandwich das Baguette der Länge nach halbieren und in sechs Portionen teilen. Rotkohlslaw und Pulled Beef hineingeben. Evtl. noch etwas Barbecuesoße, Brunnenkresse und Walnüsse darübergeben.

Die Schenkel sind die besten Stücke vom Hähnchen, wenn man grillen will. Sie schmecken besonders saftig und aromatisch.

HÄHNCHENSCHENKEL IN PIKANTER JOGHURTMARINADE

ERGIBT 4 PORTIONEN

3 Knoblauchzehen
gut ½ TL Kreuzkümmel
gut ½ TL Paprikapulver
300 g türkischer Joghurt
700 g Hähnchenschenkelfleisch ohne Knochen
Salz
Olivenöl

★ Den Knoblauch fein hacken und mit den Gewürzen und dem Joghurt vermengen. Das Hähnchen salzen und anschließend mit dem Gewürzjoghurt bedecken. Vor der Zubereitung mindestens 30 Minuten im Gewürzjoghurt marinieren. Die Hähnchenschenkel dann mit etwas Olivenöl beträufeln und bei direkter Hitze ca. 8 Minuten grillen, bis sie eine schöne Grilloberfläche und eine Kerntemperatur von 65 °C haben. Alle 2–3 Minuten wenden.

★ Am besten mit dem Bulgur-Brokkolisalat von Seite 47 servieren.

FLANKENSTEAK MIT KNACKIGEN GRILLMÖHREN

ERGIBT 4 PORTIONEN

1 Flankensteak à ca. 800 g
Salz
frisch gemahlener schwarzer Pfeffer
Olivenöl
600 g Möhren
2 EL frisch gepresster Zitronensaft
3 EL Olivenöl
50 g Kürbiskerne
100 g Feldsalat
Salzflocken

★ Das Flankensteak salzen, pfeffern und mit Olivenöl bestreichen. Die Möhren schälen und in Olivenöl und Salz wenden. Das Flankensteak bei direkter Hitze ca. 15 Minuten grillen. Alle 2–3 Minuten wenden, bis die Kerntemperatur 52 °C beträgt. Vor dem Aufschneiden 10 Minuten ruhen lassen.

★ Die Möhren bei direkter Hitze 5–10 Minuten grillen, bis sie eine kräftige Grilloberfläche haben, aber immer noch schön bissfest sind. In grobe Stücke schneiden und in einer Schüssel in Zitronensaft und Olivenöl wenden. Kürbiskerne und Feldsalat untermischen. Mit Salzflocken abschmecken. Das Flankensteak mit dem Möhrensalat servieren.

Würzmischungen & Marinaden

Würzmischungen & Marinaden sind ein viel diskutiertes Thema. Die Meinungen darüber, wann, wie und womit man würzen und marinieren soll, gehen weit auseinander. Denn es gibt unzählige verschiedene Gewürze, Öle und Aromen, die unterschiedlich auf Lebensmittel einwirken. Wenn ich einen allgemeinen Rat zum Thema Marinaden geben darf, dann den: Es reicht schon, Fleisch 30–60 Minuten vor der Zubereitung zu marinieren. Dann bekommt es Geschmack, ohne dass sein natürliches Aroma in den Hintergrund tritt.

Ich für meinen Teil ziehe es vor, reine Gewürze zu verwenden. Mir geht es vor allem darum, natürliche Aromen hervorzuheben. Deshalb mariniere oder würze ich selten mit mehr als Salz und manchmal Pfeffer. Salzen Sie Ihr Grillgut ca. 30 Minuten vor der Zubereitung, das verstärkt das Eigenaroma. Verwenden Sie normales Tafelsalz. Später beim Servieren können Sie noch Salzflocken aufstreuen. Beim Grillen von größeren Fleischstücken oder Fisch gilt dasselbe Prinzip. Am besten streuen Sie die Flocken über die aufgeschnittenen Scheiben, an die bis dahin noch kein Salz gekommen ist.

Natürlich mariniere ich ein Stück Fleisch oder Fisch manchmal auch. Je nach Lust und Laune streiche ich zudem nach dem Grillen ein gutes Kräuteröl darauf, um den natürlichen Geschmack des Grillguts zu nuancieren.

MARINADEN VOR DEM GRILLEN

Der Umamigeschmack der Sojasoße verstärkt das Aroma von Fleisch, Fisch und Gemüse.

★

SOJA-TEE-INGWER-MARINADE

2 EL grüne Teeblätter
2 rote Chilischoten
2 EL Kikkoman Sojasoße
2 EL fein gehackter Ingwer

★ Die Teeblätter in eine kleine Schüssel geben und 200 Milliliter Wasser aufkochen. Das Wasser über den Tee gießen und ca. 3 Minuten ziehen lassen, dann die Blätter abseihen. Den Tee abkühlen lassen. Die Chilis entkernen, fein hacken und mit Tee, Sojasoße und Ingwer vermengen. Das Grillgut ca. 30 Minuten vor dem Grillen darin marinieren, dabei ein paarmal wenden.

Gibt ein besonders volles Röstaroma.

WÜRZIGE KAFFEE-MARINADE

ca. 5 Stängel Thymian
1 TL Kardamomsamen
200 ml kalter starker Kaffee

* Die Thymianstängel zerpflücken und zusammen mit dem Kardamom in einen Mörser geben. Alles mörsern und anschließend mit dem Kaffee vermengen. Das Grillgut salzen und 30 Minuten vor dem Grillen darin marinieren, dabei ein paarmal wenden.

Nuanciert die Aromen des eingelegten Grillguts.

SALBEI-ZITRONEN-KNOBLAUCH-MARINADE

½ Zwiebel
5 Knoblauchzehen
150 ml gutes Olivenöl
gut 3 EL Salbei, in feine Streifen geschnitten

* Zwiebel und Knoblauch schälen und in Scheiben schneiden. Die Zwiebel zusammen mit dem Olivenöl und dem Salbei in einen Mörser geben. Die Zutaten zu einer Masse zerstoßen. Das Grillgut salzen und ca. 30 Minuten vor dem Grillen darin marinieren, dabei ein paarmal wenden.

WÜRZMISCHUNGEN VOR DEM GRILLEN

MEIN GRILLGEWÜRZ

5 EL Röstzwiebeln
2 EL gemahlener Kreuzkümmel
1 EL Paprikapulver
1 EL grob gemahlener schwarzer Pfeffer
1 EL brauner Zucker

★ Die Röstzwiebeln mixen und mit den übrigen Zutaten vermengen. Das Grillgut salzen und 30 Minuten vor dem Grillen mit der Gewürzmischung einreiben.

BBQ-WÜRZMISCHUNG

2 EL brauner Zucker
¼ TL gemahlener Kreuzkümmel
2 EL geräuchertes Paprikapulver
1 TL Chilipulver
¼ TL Cayennepfeffer
1 EL grob gemahlener schwarzer Pfeffer

★ Sämtliche Zutaten vermengen. Das Grillgut salzen und 30 Minuten vor dem Grillen mit der BBQ-Mischung einreiben.

WÜRZMIX CAJUN STYLE

2 EL Paprikapulver
1 EL gemahlener Kreuzkümmel
2 EL grob gemahlener schwarzer Pfeffer
gut ½ TL Cayennepfeffer

★ Sämtliche Zutaten vermengen. Das Grillgut salzen und 30 Minuten vor dem Grillen mit Würzmix einreiben.

KRÄUTERÖL UND GLASUREN NACH DEM GRILLEN

KRÄUTERÖL

2 Knoblauchzehen
1 EL gehackter Schnittlauch
1 EL gehackte Petersilie
1 EL gehacktes Basilikum
100 ml Olivenöl

★ Den Knoblauch schälen, fein hacken, zusammen mit den übrigen Zutaten in einen Mixer geben und alles zu einem glatten, dicken Öl mixen. Das Grillgut nach dem Grillen mit dem Kräuteröl bestreichen.

BARBECUEGLASUR

1 Knoblauchzehe
1 große Chipotle-Chili (getrocknete, geräucherte Chilischote)
Olivenöl
150 g brauner Zucker
150 ml Rotweinessig
Salz

★ Die Knoblauchzehe schälen, Knoblauch und Chili hacken. Beides in einen Topf geben und bei mittlerer Hitze in etwas Olivenöl ein paar Minuten anbraten. Zucker und Essig zufügen. Mit einem Pürierstab mixen. Mit Salz abschmecken und kalt stellen. Das Grillgut gegen Ende des Grillens oder nach dem Grillen mit der Glasur bestreichen.

ZITRUSGLASUR

1 Bio-Orange
1 Bio-Zitrone
1 Bio-Limette
1 Chipotle-Chili (getrocknete, geräucherte Chilischote)
120 g Muscovadozucker
½ Stück Sternanis
Salz

★ Die Zitrusfrüchte gut waschen. Jeweils die Hälfte der Schale von Orange, Zitrone und Limette abreiben. Alle Zitrusfrüchte auspressen und den Saft in einen Topf geben. Die Chili hacken und zusammen mit Muscovadozucker sowie Sternanis zufügen. Ca. 5 Minuten kochen lassen, bis ungefähr 200 Milliliter übrig sind. Die dickflüssige Glasur durch ein Sieb gießen. Zitrusschalen untermischen und mit Salz abschmecken. Abkühlen lassen. Das Grillgut gegen Ende des Grillens oder nach dem Grillen mit der Glasur bestreichen.

Butter, Dips & Soßen

Von Soßen, Butter und leckeren Dips kann man nie genug haben. Dies sind einige meiner Favoriten – alle passen gleichermaßen gut zu Fleisch, Fisch, Krustentieren und Gemüse. Bereiten Sie am besten mehrere Soßen vor, dann haben Ihre Gäste die Wahl. Ich hoffe, eine meiner Lieblingssoßen wird auch Ihre!

Meine Lieblingsmischung, schmeckt genauso gut zu Fleisch wie zu Fisch.

CHORIZOBUTTER

100 g rohe Chorizo
125 g Butter
1 TL frisch gepresster Zitronensaft
Salz

* Den Ofen auf 225 °C vorheizen. Die Chorizo der Länge nach halbieren und 10 Minuten im Ofen garen. Etwas abkühlen lassen, hacken und zusammen mit Butter und Zitronensaft in einen Mixer geben. Mixen und mit Salz abschmecken. Die Butter in eine Schüssel geben und bei Zimmertemperatur servieren.

SARDELLEN-KAPERN-BUTTER

200 g Butter
30 g Sardellenfilets
40 g Kapern, abgetropft
1 EL fein gehackte Petersilie

* Butter, Sardellen und Kapern in einen Mixer geben und rasch zu einer glatten Creme mixen. Die Petersilie unterrühren. Die Butter in eine Schüssel geben und bei Zimmertemperatur servieren.

Eine leckere Mayonnaise mit Bearnaise-Geschmack. Viel besser als alle Fertigvarianten!

BEARNAISE-MAYO

FÜR DIE REDUKTION:
1 Schalotte
3 EL Weißweinessig
einige Stängel Estragon und Petersilie

FÜR DIE MAYONNAISE:
2 Eigelb
½ EL Dijonsenf
300 ml neutrales Speiseöl
Salz
2 EL fein gehackter Estragon
1 EL fein gehackte Petersilie

* Für die Reduktion die Schalotte schälen, fein hacken und zusammen mit Essig und 3 Esslöffeln Wasser in einen Topf geben. Die Kräuterstängel zugeben. Die Flüssigkeit einkochen, bis ca. 2 Esslöffel übrig sind. Durch ein Sieb gießen und abkühlen lassen.
* Für die Mayonnaise Eigelbe, Dijonsenf und die Reduktion in eine Küchenmaschine geben. Die Küchenmaschine starten, das Öl langsam zufügen und alles zu einer feinen Mayonnaise mixen. Mit Salz abschmecken und anschließend die Kräuter untermischen.

Probieren Sie diese Mayonnaise einmal zu den Kalbskoteletts.

VÄSTERBOTTEN-MAYO

2 Eigelb
2 EL Weißweinessig
1 TL Dijonsenf
150 ml neutrales Speiseöl
60 g Västerbottenkäse (schwedischer Hartkäse, online erhältlich; ersatzweise Parmesan o. Pecorino)
Salz

★ Eigelbe, Essig und Dijonsenf in eine Küchenmaschine geben. Die Küchenmaschine starten, das Öl langsam zufügen und alles zu einer feinen Mayonnaise mixen. Den Käse fein reiben und untermischen. Mit Salz abschmecken.

Eine klassische Barbecuesoße, die schnell fertig ist. Natürlich können Sie den Topf auch auf den Grill stellen und sie dort zubereiten, wenn Sie nicht zwischen Herd und Grill pendeln wollen. Schmeckt kalt und warm.

BARBECUESOSSE

1 Knoblauchzehe
1 große Chipotle-Chilischote (getrocknete, geräucherte Chilischote)
½ Apfel
Olivenöl zum Braten
75 g brauner Zucker
100 ml Rotweinessig
150 ml passierte Tomaten
Salz

★ Die Knoblauchzehe schälen. Knoblauch und Chili fein hacken. Den Apfel vom Kerngehäuse befreien und in kleinere Stücke schneiden. Chipotle-Chili, Knoblauch und Apfel in einen Topf geben und in etwas Olivenöl ein paar Minuten bei mittlerer Hitze dünsten. Zucker, Essig und passierte Tomaten zufügen und 5–10 Minuten zu soßiger Konsistenz kochen. Die Soße in einen Mixer geben und glatt mixen. Mit Salz abschmecken. Die Barbecuesoße kann kalt oder warm serviert werden.

BARBECUESOSSE
BERNAISE-MAYO
CHORIZOBUTTER
SARDELLEN-
KAPERN-BUTTER
FENCHELPESTO
KAKAO-CHIPOTLE-
SALSA

GEWÜRZJOGHURT
MOJO ROJO MIT RÖSTAROMEN
VÄSTERBOTTEN-MAYO
RAUCHIGE TOMATENSOSSE

Die beste Tomatensoße überhaupt!
Sie schmeckt so viel besser, als wenn
man sie auf traditionelle Art zubereitet.

RAUCHIGE TOMATENSOSSE

2 Schalotten
2 Knoblauchzehen
2 Tomaten
4 EL Olivenöl
Salz

★ Schalotten und Knoblauch schälen. Tomaten und Schalotten halbieren. Einen Bogen Alufolie über die direkte Hitze legen und die Tomatenhälften, die Schalotten und die Knoblauchzehen darauflegen. Ca. 2 Esslöffel Olivenöl darüberträufeln und ca. 20 Minuten grillen, bis Zwiebeln und Knoblauch durch sind. Dann alles zusammen mit weiteren 2 Esslöffeln Olivenöl in eine Küchenmaschine geben. Glatt mixen und mit Salz abschmecken.

Geröstet, scharf und ein bisschen bitter.
Schmeckt am besten zu gegrilltem
Rind oder Lamm.

KAKAO-CHIPOTLE-SALSA

1 Knoblauchzehe
30 g sonnengetrocknete Tomaten
2 Chipotle-Chilischoten (getrocknete, geräucherte Chilischoten)
3 EL Rotweinessig
2 EL Honig
2 EL Olivenöl
4 EL neutrales Speiseöl
1½ EL zerstoßene Kakaobohnen (können durch 3–4 EL reines Kakaopulver ersetzt werden)
Salz

★ Die Knoblauchzehe schälen und hacken. Die Tomaten und die Chili hacken. Alles zusammen mit Essig, Honig, Olivenöl, Öl und Kakaobohnen in eine Küchenmaschine geben. 1 Minute mixen und mit Salz abschmecken.

Die klassische scharfe kanarische Soße gibt es hier in einer hervorragenden Variante vom Grill.

★

MOJO ROJO MIT RÖSTAROMEN

1 rote Paprika
1 rote Chilischote
Olivenöl zum Bestreichen
2 Knoblauchzehen
2 TL frisch gepresster Zitronensaft
2½ EL Olivenöl
¼ TL gemahlener Kreuzkümmel
¼ TL Paprikapulver
Öl
Salz

★ Die Paprika vierteln und von Samen und Scheidewänden befreien. Die Chili halbieren und entkernen. Paprika und Chili mit Olivenöl bestreichen und bei direkter Hitze grillen, bis sie ganz weich sind und eine kräftige Grilloberfläche haben. Etwas abkühlen lassen und dann die Haut von der Paprika abziehen. In feine Würfel schneiden und mit der Chili in einen Mörser geben. Den Knoblauch schälen und fein hacken. Knoblauch, Zitronensaft, Olivenöl, Kreuzkümmel und Paprikapulver ebenfalls in den Mörser geben. Die Zutaten zu einem feinen Mus zerstoßen und mit Salz abschmecken.

Der Kardamom ist das i-Tüpfelchen!

★

GEWÜRZJOGHURT

½ Bio-Zitrone
je 1 TL zerstoßener Kümmel, Dill- und Fenchelsamen
½ TL zerstoßene Kardamomsamen
200 g türkischer Joghurt
Salz

★ Die Schale der Zitrone fein abreiben und zusammen mit den Gewürzen in einen Mörser geben. Alles mörsern und dann mit dem Joghurt vermengen. Mit Salz abschmecken.

Die Alternative zu Basilikumpesto!

★

FENCHELPESTO

1 Knoblauchzehe
50 g Parmesan
50 ml Olivenöl
50 g Pinienkerne
20 g Basilikumblätter, in feine Streifen geschnitten
2 TL zerstoßene Fenchelsamen
Salz

★ Den Knoblauch schälen und hacken. Den Parmesan fein reiben. Knoblauch, Parmesan, Olivenöl, Pinienkerne, Basilikum und Fenchelsamen zu einer körnigen Masse mixen und mit Salz abschmecken.

Desserts

Man kann tatsächlich alles auf dem Grill zubereiten, und das schließt köstliche Desserts als Abschluss eines gemütlichen Grillabends mit ein. Früchte wie Äpfel, Ananas, Bananen und Mangos schmecken noch süßer, wenn sie erwärmt und über der Glut gegrillt werden. Eine andere Idee: Rösten Sie ein Stück Sandkuchen oder einen Hefezopf und servieren Sie das Gebäck mit Eis und Beeren. Nüsse können Sie auf dem Grill in einer selbst gebastelten Schale aus Aluminiumfolie karamellisieren. So erhalten Sie ein knuspriges, leckeres Topping. Also: Erhalten Sie die Glut nach dem Hauptgang und überraschen Sie die Runde noch mit etwas Süßem vom Rost!

Probieren Sie beim nächsten Mal andere Früchte aus.

EXOTIK-PIZZA MIT WEISSER SCHOKOLADE

ERGIBT 4 PORTIONEN

150 g Pizzateig, siehe Seite 70
½ Mango
½ Papaya
60 g weiße Schokolade

★ Vier kleine Pizzaböden ausrollen. Mango und Papaya schälen, entkernen und würfeln. Die Früchte auf die Pizza legen und die weiße Schokolade darüberreiben. Einen Backstein oder ein für den Grill vorgesehenes Backblech bei direkter Hitze auf den Grill legen und den Deckel schließen. Den Stein richtig heiß werden lassen und dann die Pizza darauflegen. Ca. 10 Minuten grillen, bis der Pizzaboden knusprig und die Schokolade geschmolzen ist.

Äpfel zu grillen ist ein Muss, schließlich haben wir im Spätsommer und Herbst so viele davon.

ÄPFEL MIT MARZIPANFÜLLUNG UND AMARETTOCREME

ERGIBT 4 PORTIONEN

FÜR DIE FÜLLUNG:
100 g Marzipanrohmasse
50 g Butter
1 Ei
4 TL Weizenmehl Type 405

FÜR DIE AMARETTOCREME:
100 g Crème fraîche
2 EL Puderzucker
2 cl Amaretto

4 Äpfel

* Für die Füllung die Marzipanrohmasse in eine Schüssel reiben. Die Butter würfeln und zugeben. Alles gut vermengen und dann das Ei einrühren. Das Weizenmehl darübersieben und nochmals vermengen.
* Für die Amarettocreme alle Zutaten vermischen und schlagen, bis die Creme dick und luftig ist.
* Die Äpfel halbieren und entkernen. Die Marzipanfüllung in die Mitte der Äpfel spritzen oder löffeln.
* Einen doppelt gefalteten Bogen Aluminiumfolie bei indirekter Hitze auf den Grill legen und die Äpfel darauf verteilen. Den Deckel schließen und 15–20 Minuten grillen, bis die Äpfel weich sind und die Marzipanfüllung ein bisschen Farbe bekommen hat. Die Äpfel warm mit der Amarettocreme servieren.

SCHOKO-NUSS-BANANE MIT FRISCHKÄSEMOUSSE

ERGIBT 4 PORTIONEN

FÜR DIE MOUSSE:
50 g Frischkäse
1½ EL Zucker
50 ml Sahne

FÜR DIE BANANEN:
4 Bananen
100 g Vollmilchschokolade
60 g Nüsse nach Wahl
50 g Kokosflocken

* Für die Frischkäsemousse Käse, Zucker und Sahne in eine Schüssel geben und zu einer luftigen Mousse schlagen.
* Die geschälten Bananen auf ein Stück Aluminiumfolie legen und längs aufschneiden, sodass eine Tasche entsteht. Schokoladenstücke abbrechen und in die Tasche schieben. Nüsse und Kokosflocken auf den Bananen verteilen. Die Folie zusammenfalten.
* Die Bananen ca. 10 Minuten bei indirekter Hitze grillen, bis die Schokolade geschmolzen ist und die Bananen weich sind. Vor dem Servieren Frischkäsemousse über die Früchte geben.

SANDKUCHEN VOM GRILL MIT FRÜCHTEN

ERGIBT 4 PORTIONEN

FÜR DIE MOJITOCREME:
2 TL Roh-Rohrzucker
Abrieb und Saft von
¼ Bio-Limette
2–3 Minzeblätter
10 ml Rum
100 g griechischer Joghurt

1 feste Birne
4 Scheiben Sandkuchen

ZUM GARNIEREN:
40 g Pinienkerne
100 g Himbeeren
ca. 12 Mini-Baisers

★ Für die Mojitocreme Roh-Rohrzucker, Limettenabrieb und -saft, Minze und Rum verrühren, bis sich der Zucker aufgelöst hat. Durch ein Sieb in eine Schüssel gießen und mit dem Joghurt vermengen.

★ Die Birne der Länge nach vierteln und das Kerngehäuse entfernen. Bei direkter Hitze ein paar Minuten grillen, bis sie eine schöne Farbe hat. Den Sandkuchen bei direkter Hitze auf jeder Seite ca. 30 Sekunden grillen, bis er schön geröstet ist.

★ Den Sandkuchen und die Birne mit einem Klecks Mojitocreme servieren. Mit Pinienkernen, Himbeeren und Baisers bestreuen.

Gegrillte Ananas macht sich bestens in Salaten.

★

GEGRILLTE ANANAS MIT WEISSER SCHOKOLADENMOUSSE UND HONIGNÜSSEN

90 g weiße Schokolade
200 ml Sahne
½ Ananas
120 g gemischte Nüsse
2 EL Honig

★ Die Schokolade hacken und in eine Schüssel geben. Die Sahne aufkochen, über die Schokolade gießen und rühren, bis die ganze Schokolade geschmolzen ist. Die Schokoladensahne vor dem Servieren für mindestens 2 Stunden in den Kühlschrank stellen. Es ist wichtig, dass sie richtig kalt wird. Die Schokoladensahne kurz vor dem Servieren halbfest schlagen. Für ca. 5 Minuten in den Kühlschrank stellen.

★ Die Schale der Ananas entfernen und das Fruchtfleisch der Länge nach in vier Spalten schneiden. Das holzige Mittelstück wegschneiden. Die Nüsse in einen Topf oder auf einen doppelt gefalteten Bogen Aluminiumfolie geben und mit Honig beträufeln. Den Topf oder die Folie bei direkter Hitze auf den Grill stellen und die Ananasspalten danebenlegen. Ananas und Nüsse ca. 5 Minuten grillen, bis die Nüsse leicht karamellisiert sind und die Ananas eine schöne Farbe bekommen hat. Ananas mit Nüssen und weißer Schokoladenmousse servieren.

Ein großes Dankeschön an Pier 16, Susanne und Hasse aus Fårholmen, Elfviks Gård, die Gemüsehalle Sorunda, Falksalt und meine besten Mitarbeiter bei MODERN GASTRONOMIE für die umfangreiche Hilfe und Inspiration, die Nutzung von Requisiten und Küche und die Unterstützung mit großartigen Zutaten.

Register